Histoires Courtes en Allemand

Apprendre l'Allemand facilement en lisant des histoires courtes

Elias Schneider

greenthumbpublishing@gmail.com

Contenu

Introduction

Lire dans une langue étrangère est l'un des moyens les plus efficaces d'améliorer ses compétences linguistiques et d'enrichir son vocabulaire. Cependant, il est parfois difficile de trouver des supports de lecture attrayants, d'un niveau approprié, qui procurent un sentiment de réussite et de progrès. La plupart des livres et articles écrits pour des locuteurs natifs peuvent être trop longs et difficiles à comprendre ou contenir un vocabulaire de très haut niveau, de sorte que vous vous sentez dépassé et abandonnez. Si ces problèmes vous sont familiers, alors ce livre est pour vous !

Histoires Courtes en Allemand est une collection de 25 histoires courtes non conventionnelles et divertissantes qui sont conçues pour aider les apprenants de niveau débutant à intermédiaire D'allemand à améliorer leurs compétences linguistiques.

Ces histoires courtes créent un environnement propice à la lecture en incluant ;

- Un contenu linguistique riche dans différents genres pour vous divertir et vous exposer à une variété de formes de mots.
- Des histoires plus courtes en chapitres pour vous donner la satisfaction de terminer des histoires et de progresser rapidement.
- Des textes écrits à votre niveau afin qu'ils soient plus facilement compréhensibles et ne vous dépassent pas.
- Traduction française sur des pages alternées afin que vous puissiez vous y référer directement ligne par ligne tout en lisant l'histoire D'allemand.
- Le vocabulaire clé est imprimé en gras tout au long

de l'histoire et de la traduction pour vous aider à comprendre plus facilement les mots qui ne vous sont pas familiers.

- Des questions de compréhension pour tester votre compréhension des événements clés et vous encourager à lire plus en détail.

Que vous souhaitiez enrichir votre vocabulaire, améliorer votre compréhension ou simplement lire pour le plaisir, ce livre est le plus grand pas en avant que vous ferez dans vos études cette année. Histoires Courtes en Allemand vous apportera tout le soutien dont vous avez besoin, alors asseyez-vous, détendez-vous et laissez libre cours à votre imagination en vous laissant transporter dans un monde magique d'aventures, de mystères et d'intrigues - en D'allemand!

Comment utiliser ce livre

La lecture est un talent difficile à maîtriser. Nous utilisons toute une série de micro-compétences pour nous aider à lire dans notre langue maternelle. Par exemple, nous pouvons parcourir un passage pour en comprendre le sens, ou l'essentiel. Nous pouvons aussi passer au peigne fin les nombreuses pages d'un horaire de train à la recherche d'une heure ou d'un lieu précis. Si ces micro-compétences sont une seconde nature lorsque nous lisons dans notre langue maternelle, les recherches révèlent que nous en oublions souvent la plupart lorsque nous lisons dans une langue étrangère. Lorsque nous apprenons une langue étrangère, nous commençons généralement par le début d'un texte et le parcourons en essayant de comprendre chaque mot. Inévitablement, nous rencontrons des termes peu familiers ou complexes et nous sommes gênés par notre incapacité à les comprendre.

L'un des principaux avantages de la lecture dans une langue étrangère est que vous êtes exposé à un grand nombre de phrases et d'expressions utilisées dans des situations quotidiennes. La lecture extensive est un terme utilisé pour décrire la lecture pour le plaisir dans le but d'apprendre une langue. En d'autres termes, la lecture approfondie de manuels scolaires aide généralement à l'apprentissage des règles de grammaire et d'un vocabulaire particulier, mais la lecture extensive d'histoires aide à l'apprentissage du langage naturel.

Histoires Courtes en Allemand vous donnera l'occasion d'en apprendre davantage sur la langue naturelle D'allemand en usage, même si vous avez peut-être commencé votre voyage d'apprentissage des langues

uniquement avec des manuels. Voici quelques conseils à garder à l'esprit lorsque vous lirez les histoires de ce livre pour en tirer le meilleur parti : Lorsqu'il s'agit de lire, le plaisir et le sentiment d'accomplissement sont essentiels. Vous en redemandez parce que vous aimez ce que vous lisez. Lire chaque histoire du début à la fin est la meilleure méthode pour prendre plaisir à lire des histoires et se sentir accompli. Par conséquent, la chose la plus cruciale est d'arriver à la fin d'une histoire. C'est en fait plus important que de connaître chaque mot.

Plus vous lisez, plus vous acquerrez de connaissances. Vous aurez rapidement une connaissance du fonctionnement de la D'allemand si vous lisez de gros livres pour le plaisir. Cependant, gardez à l'esprit que pour tirer tous les bénéfices d'une lecture extensive, vous devez d'abord lire un volume suffisamment important. Lire quelques pages ici et là peut vous apprendre quelques nouveaux mots, mais cela ne fera pas une différence significative dans votre niveau global de D'allemand.

Acceptez le fait que vous ne comprendrez pas tout ce que vous lisez dans un roman. C'est, sans aucun doute, le point le plus crucial ! N'oubliez jamais que le fait de ne pas comprendre tous les mots ou toutes les phrases est tout à fait acceptable. Cela ne signifie pas que vos compétences linguistiques sont insuffisantes ou que vos résultats sont médiocres. Cela indique que vous participez activement au processus d'apprentissage.

Guide de lecture

Afin de tirer le meilleur parti de la lecture d'Histoires Courtes en Allemand, il est préférable que vous suiviez ce processus de lecture simple en six étapes pour chaque chapitre des histoires :

1. Lisez le titre du chapitre. Réfléchissez à ce que pourrait être le sujet de l'histoire. Puis lisez l'histoire jusqu'au bout. Votre objectif est simplement d'atteindre la fin de l'histoire. Par conséquent, ne vous arrêtez pas pour chercher des mots et ne vous inquiétez pas s'il y a des choses que vous ne comprenez pas. Essayez simplement de suivre l'intrigue.

2. Lorsque vous arrivez à la fin de l'histoire, parcourez la traduction française pour voir si vous avez compris ce qui s'est passé et reprenez tout contexte qui vous aurait échappé.

3. Revenez en arrière et relisez la même histoire. Si vous le souhaitez, vous pouvez vous concentrer davantage sur les détails de l'histoire qu'auparavant, mais sinon, lisez-la simplement une fois de plus.

4. Ensuite, répondez aux questions de compréhension en D'allemand pour vérifier votre compréhension des événements clés de l'histoire. Si vous ne comprenez pas entièrement les questions, ne vous inquiétez pas. Utilisez vos connaissances pour répondre du mieux que vous pouvez.

5. A ce stade, vous devriez avoir une certaine compréhension des principaux événements du chapitre. Si ce n'est pas le cas, vous pouvez relire le chapitre

plusieurs fois en utilisant la traduction pour vérifier les mots et les phrases inconnus jusqu'à ce que vous vous sentiez en confiance.

Une fois que vous êtes prêt et sûr d'avoir compris ce qui s'est passé - que ce soit après une ou plusieurs lectures de l'histoire - passez à l'histoire suivante et continuez à apprécier l'histoire à votre propre rythme, comme vous le feriez pour n'importe quel autre livre.

Ce n'est qu'une fois que vous avez terminé une histoire dans son intégralité que vous pouvez envisager de revenir en arrière et d'étudier le langage de l'histoire plus en profondeur si vous le souhaitez. Au lieu de vous inquiéter de tout comprendre, prenez le temps de vous concentrer sur ce que vous avez compris et de vous féliciter pour tout ce que vous avez fait.

Histoires Courtes en Allemand

Elias Schneider

Street Food probieren

Das erste Mal, dass ich deutsches Streetfood gegessen habe, war während einer Reise nach Berlin. Ich **erinnere mich, dass ich** eine gefühlte Ewigkeit in der Schlange stand, aber das war es wert, als ich endlich diese leckere Currywurst in die Finger bekam. Die Wurst war so saftig und die Currysauce war perfekt. Auch die knusprigen Pommes frites, die es dazu gab, fand ich klasse. Es war eine so einfache Mahlzeit, aber sie hat **fantastisch** geschmeckt. Seitdem bin ich süchtig nach **deutschem** Straßenessen. Wann immer ich in Berlin bin, muss ich mir eine Currywurst und Pommes besorgen (und manchmal sogar eine Brezel oder zwei). Aber auch wenn ich nicht in Deutschland bin, sehne ich mich von Zeit zu Zeit nach diesen Geschmacksrichtungen. Deshalb habe ich mich entschlossen, mein eigenes deutsches Street Food zu Hause zuzubereiten. Es bedurfte einiger Versuche (und einer Menge Essen), aber **schließlich habe** ich meine eigene Version der Currywurst perfektioniert. **Wenn ich** jetzt Lust auf etwas Herzhaftes und Würziges habe, brauche ich nur den Grill anzuwerfen und ein paar Würstchen zuzubereiten! Ich stand in der Schlange vor dem Currywurststand, und mir lief das Wasser im

Goûter à la cuisine de rue

La première fois que j'ai mangé de la cuisine **de rue** allemande, c'était lors d'un voyage à Berlin. Je **me souviens avoir fait la** queue pendant une éternité, mais cela en valait la peine une fois que j'avais enfin mis la main sur cette délicieuse saucisse au curry. La saucisse était si juteuse et la sauce au curry était parfaite. J'ai aussi adoré les frites croustillantes qui l'accompagnaient. C'était un repas si simple, mais il avait un goût **incroyable**. Depuis lors, je suis devenu accro à la cuisine de rue **allemande**. Chaque fois que je suis à Berlin, je m'assure d'avoir ma dose de currywurst et de frites (et parfois même un bretzel ou deux). Mais même lorsque je ne suis pas en Allemagne, j'ai toujours envie de ces saveurs de temps en temps. C'est pourquoi j'ai décidé d'essayer de préparer ma propre cuisine de rue allemande à la maison. Il a fallu quelques essais et erreurs (et beaucoup de nourriture), mais j'ai **fini par** perfectionner ma propre version de la saucisse au curry. Maintenant, **quand j'ai** envie de quelque chose de copieux et de savoureux, tout ce que j'ai à faire est d'allumer le gril et de cuire quelques saucisses ! Je faisais la queue devant le stand de Currywurst, l'eau à la bouche. Je pouvais sentir l'odeur des saucisses grillées et ça me donnait des frissons.

Mund zusammen. Ich konnte den Geruch der gegrillten Würstchen riechen und mein Magen knurrte.

Endlich war ich an der Reihe, zu bestellen. "Eine Currywurst bitte", sagte ich, während ich ein paar Euro übergab. Die Frau hinter dem Tresen lächelte und legte mir eine **dampfend** heiße Wurst auf einen Pappteller. Dann **spritzte** sie etwas Currysauce darüber und gab eine Handvoll Pommes dazu, bevor sie mir das Ganze überreichte. Ich nahm mein Essen und suchte mir einen Platz an einem der nahe gelegenen Picknicktische. Dann stürzte ich mich darauf und genoss jeden Bissen dieses köstlichen **deutschen** Straßenessens. Die Wurst war saftig und würzig, und die Currysauce gab genau die richtige Menge an Schärfe hinzu. Und die knusprigen Pommes frites waren perfekt, um sie in die extra Portion Soße zu tunken! Ich spazierte durch die Straßen Berlins und nahm alle Sehenswürdigkeiten und Geräusche in mich auf. Die Stadt war voller Menschen, und es gab so viele Dinge zu sehen.

Ich kam an einigen **Straßenhändlern vorbei**, die alles von Brezeln bis hin zu **Würstchen** verkauften, aber mein Magen war schon voll vom Mittagessen, also ging ich weiter. Plötzlich duftete es nach Currywurst, und mir lief das Wasser im Mund zusammen. Ich konnte nicht widerstehen, noch einen letzten Snack zu mir zu nehmen, bevor ich mich auf den Weg zu meinem Hotelzimmer machte.

Finalement, c'était mon tour de commander. "Une saucisse au curry, s'il vous plaît", ai-je dit en remettant quelques euros. La femme derrière le comptoir a souri et a placé une saucisse chaude et **fumante** sur une assiette en carton. Elle l'a ensuite **recouverte d'un** peu de sauce au curry et a ajouté une poignée de frites avant de me remettre le tout. J'ai pris ma nourriture et j'ai trouvé un endroit pour m'asseoir sur l'une des tables de pique-nique à proximité. Puis j'ai plongé dedans, savourant chaque bouchée de cette délicieuse cuisine de rue **allemande**. La saucisse était juteuse et savoureuse, tandis que la sauce au curry ajoutait juste ce qu'il fallait d'épices. Et ces frites croustillantes étaient parfaites pour tremper dans ce supplément de sauce ! Je me promenais dans les rues de Berlin, profitant de toutes les images et de tous les sons. La ville grouillait de monde et il y avait tant de choses à voir.

Je suis passée devant quelques **vendeurs** ambulants qui vendaient de tout, des bretzels aux **saucisses**, mais mon estomac était déjà plein, alors j'ai continué à marcher. Soudain, l'odeur de la saucisse au curry s'est répandue dans l'air, et j'ai eu l'eau à la bouche : je n'ai pas pu résister à l'envie de **prendre un** dernier en-cas avant de retourner à ma chambre d'hôtel.

Fragen zum Verständnis

1. Was sagt die Autorin über ihre ersten Erfahrungen mit deutschem Streetfood?

2. Was sagt der Autor über die Wurst?

3. Was sagt der Autor über die Currysauce?

4. Was sagt der Autor über die Pommes frites?

5. Was sagt der Autor über das deutsche Straßenessen im Allgemeinen?

6. Was sagt die Autorin über ihre Vorliebe für deutsches Straßenessen?

7. Was sagt der Autor über den Versuch, deutsches Straßenessen zu Hause zuzubereiten?

8. Was sagt die Autorin über das zweite Mal, als sie deutsches Straßenessen gegessen hat?

9. Was sagt der Autor über den Geruch von Currywurst?

Questions de compréhension

1. Que dit l'auteur à propos de sa première expérience de la street food allemande ?

2. Que dit l'auteur à propos de la saucisse ?

3. Que dit l'auteur à propos de la sauce curry ?

4. Que dit l'auteur à propos des frites ?

5. Que dit l'auteur de la cuisine de rue allemande en général ?

6. Que dit l'auteur de son envie de manger de la nourriture de rue allemande ?

7. Que dit l'auteur sur le fait d'essayer de faire de la street food allemande à la maison ?

8. Que dit l'auteur de la deuxième fois qu'elle a mangé de la cuisine de rue allemande ?

9. Que dit l'auteur à propos de l'odeur des saucisses au curry ?

Brandenburger Tor

Das Brandenburger Tor war einst ein Symbol für
Hoffnung und Freiheit. Doch jetzt erinnert es an die
dunklen Tage der Vergangenheit. Das Tor ist mit Graffiti
beschmiert, und der Boden rundherum ist mit Müll
übersät. Es ist Jahre her, dass jemand diesen Ort
besucht hat. Aber heute **ist etwas**
ist anders. Eine junge Frau nähert sich dem Tor
und zögert einen Moment, bevor sie hindurch tritt.
Sie schaut sich die **Trostlosigkeit** und Traurigkeit
um, die sie umgibt, und kann sich eines Gefühls der
Verzweiflung nicht erwehren. Doch dann sieht sie
etwas, das ihren Blick fesselt: eine einzelne Blume,
die aus den Rissen im Pflaster wächst. Sie bückt
sich, um sie aufzuheben, denn sie spürt, dass sie
jemand von der anderen Straßenseite aus beobachtet.
Als sie aufblickt, sieht sie einen alten Mann, der sie
aufmerksam anschaut. Er sagt nichts, aber er nickt
leicht mit dem Kopf, als wolle er "Willkommen" sagen.
Die Frau lächelt ihm zu, bevor sie sich abwendet und
in Richtung Stadtzentrum **geht**. Sie weiß, dass es hier
noch Menschen gibt, denen dieser Ort am Herzen liegt;
Menschen, die ihn noch nicht aufgegeben haben.

Vielleicht werden andere eines Tages sehen, was sie

Porte de Brandebourg

La porte de Brandebourg était autrefois un symbole d'espoir et de liberté. Mais aujourd'hui, elle est un rappel des jours sombres du passé. La porte est **couverte** de graffitis et le sol autour d'elle est jonché de détritus. Cela fait des années que personne n'a visité cet endroit. Mais aujourd'hui, **quelque chose** est différent. Une jeune femme s'approche de la porte et hésite un moment avant de la franchir. Elle regarde la **désolation** et la tristesse qui l'entourent et ne peut s'empêcher de ressentir un sentiment de désespoir. Mais elle voit alors quelque chose qui attire son attention : une seule fleur qui pousse dans les fissures du trottoir. Elle se penche pour la ramasser, sentant que quelqu'un l'observe de l'autre côté de la rue. Quand elle lève les yeux, elle voit un vieil homme qui la regarde **attentivement**. Il ne dit rien, mais il hoche légèrement la tête, comme pour dire "bienvenue". La femme lui sourit avant de se détourner et de **marcher** vers le centre de la ville. Elle sait qu'il y a encore des gens qui se soucient de cet endroit, des gens qui ne l'ont pas encore abandonné.

Peut-être qu'un jour, d'autres verront ce qu'elle voit : qu'il peut y avoir de la beauté même dans l'obscurité

sieht: dass es auch in der Dunkelheit Schönheit geben kann; dass es auch in der **Traurigkeit** Hoffnung geben kann. Die Frau geht durch die Straßen der Stadt und nimmt die Sehenswürdigkeiten und Geräusche um sich herum in sich auf. Sie war noch nie an diesem Ort, aber sie fühlt sich mit ihm verbunden. Vielleicht liegt es daran, dass sie weiß, was es einmal war; vielleicht liegt es **daran, dass** sie sehen kann, was es wieder sein könnte. Als sie **sich dem** Stadtzentrum nähert, hört sie Musik aus einer der Seitenstraßen. Es ist eine wunderschöne Melodie, die sie mit Hoffnung erfüllt. Sie folgt dem Klang, bis sie zu einem kleinen Park kommt, in dem ein alter Mann auf seiner Geige für jeden, der zuhören will, spielt. Sie setzt sich auf eine Bank und schließt die Augen, um sich von der Musik berieseln zu lassen. Als er aufhört zu spielen, öffnet sie die Augen, und **um sie herum ertönt** Beifall. Der alte Mann verbeugt sich höflich, packt sein Instrument ein und geht.

Die **Frau** bleibt noch eine Weile im Park und genießt die Ruhe und den Frieden, bevor sie in ihr Hotelzimmer zurückkehrt. Als sie in dieser Nacht einschläft, träumt sie von einer Zeit, in der diese Stadt wieder lebendig ist, in der die Menschen wieder stolz sind, in der ihre Tore für alle offen sind, die nach Freiheit suchen. Die Frau steht wieder am Brandenburger Tor, aber dieses Mal ist sie nicht allein.

; qu'il peut y avoir de l'espoir même dans la **tristesse**. La femme marche dans les rues de la ville, observant les paysages et les sons qui l'entourent. Elle n'a jamais été dans cet endroit auparavant, mais elle s'y sent liée. C'est peut-être parce qu'elle sait ce qu'il était auparavant, ou parce **qu'**elle voit ce qu'il pourrait être à nouveau. Alors qu'elle **s'approche** du centre de la ville, elle entend de la musique **provenant** d'une des rues secondaires. C'est une belle mélodie qui la remplit d'espoir. Elle suit le son jusqu'à ce qu'elle arrive dans un petit parc où un vieil homme joue du violon pour qui veut bien l'écouter. Elle s'assied sur un banc et ferme les yeux pour laisser la musique l'envahir. Lorsqu'il s'arrête de jouer, elle ouvre les yeux et des applaudissements retentissent **autour d'**elle. Le vieil homme s'incline poliment, remballe son instrument et s'en va.

La **femme** reste dans le parc pendant un certain temps, profitant de la paix et du calme, avant de retourner dans sa chambre d'hôtel. En s'endormant cette nuit-là, elle rêve d'un temps où cette ville revit, où les gens sont à nouveau fiers, où ses portes sont ouvertes à tous ceux qui cherchent la liberté. La femme se tient à nouveau devant la porte de Brandebourg, mais cette fois, elle n'est pas seule.

Fragen zum Verständnis

1. Wo befindet sich das Brandenburger Tor?

2. Wie sieht das Brandenburger Tor heute aus?

3. Wann wurde das Brandenburger Tor gebaut?

4. Was ist das Brandenburger Tor, das als Symbol dient?

5. Was ist das Brandenburger Tor heute für ein Symbol?

6. Wie viele Tore gibt es am Brandenburger Tor?

7. Wie viele Menschen können durch das Brandenburger Tor gehen?

8. Was ist, wenn man durch das Brandenburger Tor geht?

9. Wie fühlt sich die Frau, als sie das Brandenburger Tor sieht?

Questions de compréhension

1. Où se trouve la Porte de Brandebourg ?

2. À quoi ressemble la Porte de Brandebourg aujourd'hui ?

3. Quand la Porte de Brandebourg a-t-elle été construite ?

4. Quel est le symbole de la Porte de Brandebourg ?

5. Quel est le symbole de la Porte de Brandebourg aujourd'hui ?

6. Combien de portes y a-t-il dans la Porte de Brandebourg ?

7. Combien de personnes peuvent passer par la Porte de Brandebourg ?

8. Que se passe-t-il lorsque vous passez la porte de Brandebourg ?

9. Que ressent la femme lorsqu'elle voit la Porte de Brandebourg ?

Biergarten in München

Die Sonne ging über der Stadt München unter, und der **Biergarten füllte sich** langsam mit Menschen. Die Luft war dick mit dem Geruch von Hopfen und Malz, und der Klang von Lachen und **Gesprächen** erfüllte die Luft. Überall im Garten waren Tische aufgestellt, und die Kellner waren damit beschäftigt, Bestellungen aufzunehmen und Getränke **zu servieren**. In einer Ecke spielte eine Band traditionelle **deutsche Musik**, und die Leute tanzten zu den flotten Klängen. Es war ein perfekter Abend, um mit Freunden ein kühles Bier im Freien zu genießen. Und genau das tat Hans Müller jeden Abend nach der Arbeit. Er setzte sich an seinen Lieblingstisch in der Nähe des Musikpavillons, trank ein paar Bier, hörte Musik, plauderte mit alten und neuen Freunden und sah zu, wie Paare um ihn herum im Takt der Musik tanzten. Der heutige Abend schien auf den ersten Blick wie jeder andere Abend zu sein. Doch als Hans sich umsah, **bemerkte er, dass** heute Abend etwas anders war: Es schienen mehr Familien als sonst da zu sein. Die Eltern saßen an den Tischen und unterhielten sich, während ihre **Kinder** herumliefen und Spiele spielten oder sich gegenseitig **von** Tisch zu Tisch jagten. Es dauerte nicht lange, bis Hans

Jardin de bières à Munich

Le soleil se couchait sur la ville de Munich, et la **brasserie** commençait à se remplir de monde. L'air était épais avec l'odeur du houblon et du malt, et le son des rires et des **conversations** remplissait l'air. Des tables sont dressées tout autour du jardin, et les serveurs s'affairent à prendre les commandes et à **servir les** boissons. Dans un coin, un groupe joue de la musique traditionnelle **allemande** et les gens dansent sur des airs entraînants. C'était une soirée parfaite pour déguster une bière fraîche en plein air avec des amis. Et c'est exactement ce que fait Hans Muller tous les soirs après le travail. Il s'asseyait à sa table **préférée** près du kiosque à musique, buvait quelques bières, écoutait de la musique, discutait avec ses amis, anciens et nouveaux, et regardait les couples danser autour de lui au rythme de la musique. A première vue, ce soir semblait être comme tous les autres soirs. Mais en regardant autour de lui, Hans a **remarqué** quelque chose de différent dans la foule de ce soir : il semblait y avoir plus de familles que d'habitude. Les parents sont assis à des tables et discutent pendant que leurs **enfants** courent partout en jouant à des jeux ou en se poursuivant **entre les** tables. Il n'a pas fallu longtemps

war er von lachenden Kindern umgeben, die um ihn herum Fangen spielten.

Er musste über ihre **Unschuld** schmunzeln, denn sie erinnerte ihn an seine eigene Kindheit in **München**. Hans Müller liebte seine Stadt, und er liebte den Biergarten. Es war ein Ort, an dem Menschen aus allen Gesellschaftsschichten zusammenkamen, um sich zu entspannen, Kontakte zu knüpfen und einfach den **Genuss** eines kalten Bieres an einem warmen Abend zu genießen. Er kam schon seit Jahren hierher, seit er alt genug war, um zu trinken. Und in all dieser Zeit hatte er es noch nie so **voll** mit Familien gesehen. Die Kinder, die **zwischen den** Tischen herumliefen, waren voller Energie, ihr Lachen erfüllte die Luft. Sie schienen so viel Spaß zu haben, dass es Hans glücklich machte, ihnen zuzusehen, und er **erinnerte sich daran, wie es** war, so jung und sorglos zu sein. Plötzlich rannte eines der Kinder in ihn hinein und stieß **versehentlich** sein Bierglas um.

Hans schimpfte leicht mit dem Kind, konnte sich aber ein Lachen nicht verkneifen; es weckte **Erinnerungen** an die Zeit, in der er **selbst** solche Dinge getan hatte. Nach einer Weile verspürte Hans wieder Durst, also ging er zur Bar, um sich **ein weiteres** Bier zu holen. Während er auf sein Getränk wartete, bemerkte er eine Gruppe von Kindern, die sich um einen der Tische versammelt hatte.

pour que Hans il s'est retrouvé entouré d'enfants rieurs qui jouaient à chat autour de lui.

Il ne peut s'empêcher de sourire devant leur **innocence**, qui lui rappelle sa propre enfance à **Munich**. Hans Muller aimait sa ville, et il aimait le Biergarten. C'était un endroit où les gens de tous horizons venaient se détendre, se rencontrer et profiter du simple **plaisir** d'une bière fraîche par une chaude soirée. Il venait ici depuis des années, depuis qu'il était en âge de boire. Et pendant tout ce temps, il ne l'avait jamais vu aussi **bondé de** familles. Les enfants qui couraient **entre les** tables étaient pleins d'énergie, leurs rires remplissaient l'air. Il se **souvient de** ce que c'était d'être jeune et insouciant comme ça. Soudain, l'un des enfants lui rentre dedans, renversant **accidentellement** son verre de bière.

Hans gronde légèrement l'enfant mais ne peut s'empêcher de rire ; cela lui **rappelle des souvenirs de l'époque où il faisait lui-même** ce genre de choses. Après un certain temps, Hans a commencé à avoir soif à nouveau et il est allé au bar pour prendre une **autre** bière. Alors qu'il attendait son verre, il a remarqué un groupe d'enfants réunis autour d'une des tables.

Fragen zum Verständnis

1. Was sagt der Autor über den Geruch in der Luft?

2. Was macht Hans Müller jede Nacht?

3. Was fällt Hans Müller auf, was an der Menge heute Abend anders ist?

4. Woran erinnern die Kinder Hans Müller?

5. Was denkt Hans Müller über die herumlaufenden Kinder?

6. Was macht Hans Muller am liebsten im Biergarten?

7. Was denkt Hans Müller über die Familien im Biergarten?

Questions de compréhension

1. Que dit l'auteur à propos de l'odeur de l'air ?

2. Que fait Hans Muller tous les soirs ?

3. Qu'est-ce que Hans Muller remarque de différent dans la foule ce soir ?

4. Que rappellent les enfants à Hans Muller ?

5. Que pense Hans Muller des enfants qui courent partout ?

6. Quelle est l'activité préférée de Hans Muller dans le jardin de la bière ?

7. Que pense Hans Muller des familles dans le jardin de la bière ?

Weihnachtsmarkt

Es war ein kalter Wintertag, und der Weihnachtsmarkt war in vollem Gange. Die **Stände** waren festlich geschmückt, und die Luft war erfüllt vom Geruch von Glühwein und gerösteten Kastanien. Ich **schlenderte** umher und nahm all die Sehenswürdigkeiten und Geräusche des **Marktes in mich auf**, als ich plötzlich etwas entdeckte, das mein Herz zum Stillstand brachte. Vor mir stand ein Stand, an dem handgefertigtes Holzspielzeug verkauft wurde. Und zwischen all den anderen Spielsachen stach mir eines sofort ins Auge - eine **wunderschöne** kleine Nussknackerpuppe. Ich wusste **sofort,** dass ich sie haben musste. Ich sprach die Verkäuferin an und fragte, wie viel sie kostete. Sie sagte mir, dass sie fünfzig **Dollar** kostete **- mehr** als ich jemals zuvor für ein Spielzeug bezahlt hatte! Aber ich zögerte nicht, übergab das Geld und nahm meinen neuen Schatz in Besitz.

Sobald ich zu Hause war, konnte ich es kaum erwarten, mehr über meine neue Nussknackerpuppe herauszufinden. Soweit ich es von ihrem schlichten Aussehen her beurteilen konnte, schien sie ziemlich alt zu sein... aber wer wusste das schon so genau? Nachdem ich im Internet **recherchiert hatte**, fand ich heraus, dass diese Art von Puppen in Deutschland in

Marché de Noël

C'était une froide journée d'hiver, et le marché de **Noël** battait son plein. Les **étals étaient** parés de décorations festives, et l'air était rempli de l'odeur du vin chaud et des châtaignes grillées. Je **me promenais**, profitant de toutes les images et de tous les sons du **marché**, quand j'ai soudain vu quelque chose qui a fait s'arrêter mon cœur. Devant moi, il y avait un étal qui vendait des jouets en bois faits à la main. Et parmi tous les autres jouets, il y en avait un qui a immédiatement attiré mon attention : une **magnifique** petite poupée casse-noix. J'ai **tout de suite** su que je devais l'avoir. Je me suis approchée de la vendeuse et lui ai demandé combien elle coûtait. Elle m'a dit que c'était cinquante **dollars, plus** que ce que j'avais jamais payé pour un jouet auparavant ! Mais je n'ai pas hésité, j'ai remis l'argent et j'ai pris possession de mon nouveau trésor.

Dès que je suis rentrée chez moi, j'ai eu hâte d'en savoir plus sur ma nouvelle poupée **casse-noisette**. D'après ce que je pouvais voir de son apparence simple, elle semblait être assez ancienne… mais qui pouvait en être sûr ? Après avoir fait quelques **recherches** en ligne, j'ai découvert que ce type de poupées était en fait très populaire en Allemagne dans les années 1800, ce qui signifie que mon petit **casse-**

den 1800er Jahren sehr beliebt war - was bedeutete, dass mein kleiner **Nussknacker** weit über 200 Jahre alt sein könnte! Wenn ich nur daran denke, fühle ich mich noch mehr mit ihm verbunden.

Da ich nun etwas mehr über mein neues Spielzeug wusste, war es an der Zeit, ihm (oder ihr) einen Namen zu geben. Nach reiflicher **Überlegung** entschied ich mich für "Klaus" - nach der **berühmten** deutschen Volksfigur, die Kindern zur Weihnachtszeit Geschenke bringt. Das schien perfekt zu passen. Klaus wurde schnell zu einem geschätzten Mitglied unserer Familie. Von da an nahm er jedes Jahr in der Weihnachtszeit einen stolzen Platz auf unserem Kaminsims ein. Und jedes Jahr verbrachte ich einige Zeit damit, mit ihm zu plaudern und ihm alles zu erzählen, was in meinem Leben passiert war, seit wir das letzte Mal miteinander gesprochen hatten. Es mag albern klingen, aber ich hatte das Gefühl, dass er mir wirklich zuhörte und alles verstand, was ich sagte!

Im Laufe der Jahre, als jedes **Weihnachten** kam und ging, wurde **Klaus** mehr als nur eine Puppe für mich... er wurde mein Freund. Dann, ein Jahr später, änderte sich alles. Ich wachte am Weihnachtsmorgen auf und stellte fest, dass Klaus nicht mehr auf dem Kaminsims stand. Zuerst dachte ich, er müsse **über Nacht** heruntergefallen und zerbrochen sein... aber **nirgends war eine** Spur von ihm zu sehen.

noisette pourrait avoir bien plus de 200 ans ! Rien que d'y penser, je me suis sentie encore plus attachée à lui. Maintenant que j'en savais un peu plus sur mon nouveau jouet, il était temps de lui donner un nom. Après mûre **réflexion**, j'ai choisi "Klaus", d'après le **célèbre** personnage folklorique allemand qui apporte des cadeaux aux enfants à Noël. Ce nom me semblait parfaitement adapté. Klaus est rapidement devenu un membre apprécié de notre famille. Depuis lors, chaque année, il occupe une place de choix sur notre cheminée pendant la période des fêtes. Et chaque année, je prenais le temps de discuter avec lui, lui racontant tout ce qui s'était passé dans ma vie depuis notre dernière conversation. Cela peut paraître idiot, mais j'avais l'impression qu'il écoutait et comprenait vraiment tout ce que je disais !

Au fil des ans, à chaque **Noël, Klaus est** devenu plus qu'une poupée pour moi... il est devenu mon ami. Puis, un an plus tard, tout a changé. Je me suis réveillé le matin de Noël pour constater que Klaus avait disparu de la cheminée. Au début, j'ai pensé qu'il avait dû tomber et se casser **pendant la nuit...** mais il n'y avait aucun signe de lui **nulle part**. C'était comme s'il s'était volatilisé.

Fragen zum Verständnis

1. Was war die erste Reaktion des Protagonisten, als er die Nussknackerpuppe sah?

2. Wie viel hat der Protagonist für die Nussknackerpuppe bezahlt?

3. Wie hat der Protagonist die Nussknackerpuppe genannt?

4. Wo ist die Nussknackerpuppe hingegangen, als der Protagonist am Weihnachtsmorgen aufgewacht ist?

5. Warum glaubt der Protagonist, dass die Nussknackerpuppe verschwunden ist?

6. Was macht der Protagonist, wenn er jetzt den Weihnachtsmarkt besucht?

7. Welche Nachforschungen hat der Protagonist über die Herkunft der Nussknackerpuppe angestellt?

8. Welche Gefühle hat der Protagonist gegenüber der Nussknackerpuppe?

Questions de compréhension

1. Quelle a été la première réaction du protagoniste en voyant la poupée Casse-Noisette ?

2. Combien le protagoniste a-t-il payé pour la poupée Casse-Noisette ?

3. Comment le protagoniste a-t-il appelé la poupée Casse-Noisette ?

4. Où est allée la poupée casse-noisette lorsque le protagoniste s'est réveillé le matin de Noël ?

5. Pourquoi le protagoniste pense-t-il que la poupée Casse-Noisette a disparu ?

6. Que fait le protagoniste lorsqu'il visite le marché de Noël maintenant ?

7. Quelles ont été les recherches du protagoniste sur les origines de la poupée Casse-Noisette ?

8. Quel sentiment le protagoniste éprouve-t-il à l'égard de la poupée Casse-Noisette ?

Hamburger Hafen

Der Hamburger Hafen ist ein geschäftiger Ort. **Schiffe** aus der ganzen Welt kommen und gehen, und es gibt immer etwas zu sehen. Ich wollte schon immer einmal dorthin und bekam schließlich die Gelegenheit, als meine Freundin mich **einlud**, sie auf einem Ausflug zu begleiten. Wir kamen früh am Morgen an, gerade als die Sonne ging auf. Die Luft war kalt, aber frisch, und der Geruch von Salzwasser war belebend. Wir gingen hinunter zu den Docks, **wo** wir die Schiffe sehen konnten, die in den Hafen ein- und ausliefen. Es gab so viele davon! Und sie waren alle so unterschiedlich - manche klein und schnittig, andere groß und **träge**. Es war erstaunlich, wie präzise sie in ihre Liegeplätze hinein- und herausmanövrierten. Dabei sahen wir ein Schiff einlaufen, das den **bunten** Flaggen an den Masten nach zu urteilen aus Afrika oder vielleicht sogar aus Indien stammen könnte.

Meine Freundin erzählte mir, dass diese Art von Schiff als **Frachter** bezeichnet wird, weil es keine Passagiere, sondern Fracht befördert, wie die meisten anderen Schiffe heutzutage. Sie sagte, dass man manchmal Leute an Deck **arbeiten** sieht, während das Schiff durch den Hafen fährt - könnt ihr euch das vorstellen? Aber

Port de Hambourg

Le port de Hambourg est un endroit très animé. Des **bateaux** du monde entier vont et viennent, et il y a toujours quelque chose à voir. J'ai toujours voulu le visiter et j'en ai finalement eu l'occasion lorsque mon amie m'a **invitée** à la rejoindre pour une excursion. Nous **sommes arrivées** tôt le matin, juste au moment où

le soleil se levait. L'air était froid mais frais, et l'odeur de l'eau salée était vivifiante. Nous avons marché jusqu'aux quais, **où** nous pouvions voir les bateaux entrer et sortir du port. Il y en avait tellement ! Et ils étaient tous si différents - certains petits et élégants, d'autres grands et **léthargiques**. C'était incroyable de les voir **manœuvrer pour** entrer et sortir de leur poste d'amarrage avec une telle précision. Pendant que nous regardions, nous avons vu arriver un navire qui semblait venir d'Afrique ou peut-être même d'Inde, à en juger par les drapeaux **colorés qui** flottaient sur ses têtes de mât.

Mon amie m'a dit que ce type de navire s'appelle un **cargo** parce qu'il transporte des marchandises au lieu de passagers, comme la plupart des autres navires de nos jours. Elle m'a dit que parfois, on peut voir des

heute war niemand **an Bord** zu sehen, außer oben im Krähennest, wo jemand hoch über allem, was unter ihm an Deck passiert, Ausschau hielt. Nachdem wir das Treiben **im Hafen** eine Weile beobachtet hatten, beschlossen wir, ein wenig herumzulaufen und die Stadt zu erkunden. Hamburg ist eine große Stadt, und es gab so viel zu sehen. Wir spazierten durch schmale Straßen mit Geschäften und Cafés, vorbei an Kirchen und Regierungsgebäuden, bis wir schließlich am berühmten Fischmarkt ankamen. Der Markt war bereits in vollem Gange, obwohl es noch früh **am Morgen war**. Die Verkäufer riefen ihre Waren in einer Mischung aus **Deutsch** und Englisch an und versuchten, Kunden an ihre Stände zu locken. Die Luft war dick mit dem Geruch von Meeresfrüchten - einige frisch und köstlich duftend, andere nicht so sehr.

Aber das alles trug zu der **festlichen** Atmosphäre des Ortes bei. Wir schlenderten eine Weile herum und nahmen alle Sehenswürdigkeiten und Geräusche (und Gerüche!) des Marktes in uns auf, bevor wir uns schließlich entschlossen, bei einem der Verkäufer, die **gegrillte** Garnelenspieße anboten, etwas **zu essen**. Nach dem Mittagessen gingen wir zurück zum Hafengebiet und beschlossen, eine Fahrt mit einem der Ausflugsboote zu machen, die Touren durch den Hafen anbieten.

gens **travailler** sur le pont même lorsque le navire
se déplace dans le port - vous imaginez ? - mais
aujourd'hui, il n'y avait personne de visible **à bord**,
sauf dans le nid de pie où quelqu'un faisait le guet au-
dessus de tout ce qui se passait en bas, au niveau du
pont. Après avoir observé l'activité **portuaire** pendant
un moment, nous avons décidé de nous promener
et d'explorer. Hambourg est une grande ville, et il y
avait tant de choses à voir. Nous avons emprunté des
rues étroites bordées de boutiques et de cafés, nous
sommes passés devant des églises et des bâtiments
gouvernementaux, jusqu'à ce que nous arrivions enfin
au célèbre marché aux poissons. Le marché était déjà
en pleine effervescence, même si c'était encore tôt le
matin. Les vendeurs criaient leurs produits dans un
mélange d'**allemand** et d'anglais, essayant d'attirer les
clients vers leurs étals. L'air est chargé de l'odeur des
fruits de mer.
frais et délicieusement parfumés, d'autres moins.

Mais tout cela ajoutait à l'atmosphère **festive** de
l'endroit. Nous nous sommes promenés pendant un
certain temps, en profitant de tous les sons et de toutes
les images (et odeurs !) du marché, avant de décider
d'acheter un **repas** à l'un des vendeurs de brochettes
de crevettes **grillées**. Après le déjeuner, nous sommes
redescendus vers le port et avons décidé de faire un
tour sur l'un des bateaux **touristiques** qui font le tour
du port.

Fragen zum Verständnis

1. Wie heißt die Stadt, die der Autor besucht hat?

2. Was hielt der Autor von den Menschen in Köln?

3. Wie heißt die berühmte Kathedrale in Köln?

4. Was hält der Autor von der Kathedrale?

5. Was hat der Autor in der Kathedrale gemacht?

6. Wie fand der Autor die Aussicht vom Turm der Kathedrale?

7. Was hat der Autor zu Abend gegessen?

8. Wo befand sich das Restaurant?

9. Wie fand der Autor das Essen?

10. Welchen Gesamteindruck hat der Autor von Köln?

Questions de compréhension

1. Quel est le nom de la ville que l'auteur a visitée ?

2. Que pense l'auteur des habitants de Cologne ?

3. Quel est le nom de la célèbre cathédrale de Cologne ?

4. Que pense l'auteur de la cathédrale ?

5. Qu'a fait l'auteur à la cathédrale ?

6. Que pense l'auteur de la vue depuis le sommet de la tour de la cathédrale ?

7. Qu'est-ce que l'auteur a mangé pour le dîner ?

8. Où était situé le restaurant ?

9. Que pense l'auteur de la nourriture ?

10. Quelle a été l'impression générale de l'auteur sur Cologne ?

Der Schwarzwald

Als ich den Schwarzwald betrete, werde ich sofort von der Dunkelheit eingehüllt. Die **Bäume** stehen so dicht **beieinander**, dass sie das meiste Licht ausblenden, und das einzige Geräusch ist das Knirschen der Blätter unter meinen Füßen. Ich spüre eine **Vorahnung**, als ich immer tiefer in den **Wald eindringe**, und bald kann ich den Weg hinter mir nicht mehr sehen. Ich gehe weiter, obwohl ich nicht sicher bin, wohin ich gehe oder was ich finden werde. Plötzlich bewegt sich etwas vor mir, und ich zucke erschrocken zurück. Es ist nur ein Reh, aber es erschreckt mich trotzdem. Während es davonhüpft, denke ich darüber nach, wie leicht man sich hier verlaufen kann. Ich wandere weiter durch den Schwarzwald und behalte
halten Sie Ausschau nach Anzeichen von **Zivilisation**.

Die Sonne geht langsam unter, und ich weiß, dass ich bald einen Unterschlupf finden muss. Ich höre ein Rascheln im **Gebüsch** und werde nervös, aber es ist nur ein weiteres Reh. Ich entspanne mich etwas, **gehe** aber weiter. Es wird jetzt dunkel, und ich habe immer noch keine Spur gefunden, die einer Fährte ähnelt. Plötzlich sehe ich in der Ferne ein Licht und **laufe darauf zu**. Als ich näher komme, sehe ich, dass es aus einer Hütte kommt. Erleichterung macht sich in

La Forêt-Noire

Lorsque je pénètre dans la Forêt-Noire, je suis immédiatement enveloppé par l'obscurité. Les **arbres** sont si proches **les uns des autres** qu'ils bloquent la plupart de la lumière, et le seul bruit est le craquement des feuilles sous mes pieds. Je ressens un sentiment de **malaise à** mesure que je m'enfonce dans les **bois**, et bientôt je ne vois plus le chemin derrière moi. Je continue à marcher, bien que je ne sois pas sûr de l'endroit où je vais ni de ce que je vais trouver. Soudain, quelque chose bouge devant moi, et je sursaute en arrière avec un souffle. Ce n'est qu'un chevreuil, mais il me fait tout de même peur. Alors qu'il s'éloigne, je pense qu'il serait facile de se perdre dans cet endroit. Je continue à marcher à travers la Forêt Noire, en gardant
un œil attentif à tout signe de **civilisation**.

Le soleil commence à se coucher, et je sais que je dois trouver un abri rapidement. J'entends un bruissement dans les **buissons** et je me crispe, mais c'est juste un autre cerf. Je me détends légèrement, mais je continue à **avancer**. Il commence à faire sombre, et je n'ai toujours pas trouvé de piste. Soudain, je vois une lumière au loin et je commence à **marcher** vers elle. En me rapprochant, je vois qu'elle vient d'une

mir breit, als ich zur Hütte gehe und an die Tür klopfe. Nach ein paar **Augenblicken öffnet** eine alte Frau die Tür. Sie sieht **überrascht** aus, mich zu sehen, aber sie bittet mich herein und bietet mir an, einen Tee zu kochen. Ich nehme ihr Angebot dankend an und setze mich ans Feuer. Die alte Frau beginnt, mir von dem **Wald zu erzählen**. Sie sagt, es sei ein magischer Ort, voller Geheimnisse und Wunder. Sie erzählt mir, dass sie einmal ein Einhorn im Wald gesehen hat, und ich kann nicht anders, als ihr zu glauben. Während wir so dasitzen und reden, fühle ich, wie meine Sorgen dahinschmelzen.

Ich war gerade dabei, mich zu entspannen, als ich plötzlich **draußen** ein Geräusch hörte. Es hört sich an, als würde etwas **auf die** Hütte zukommen. Ich schnappe mir schnell mein Messer und verstecke mich hinter der Tür. Als ich durch den Spalt spähe, sehe ich einen großen schwarzen Bären auf seinen Hinterbeinen laufen. Er schnüffelt herum und scheint mich noch nicht gesehen zu haben. Ich bin mir nicht sicher, was ich tun soll. Ich warte, was **mir** wie eine Ewigkeit vorkommt, aber schließlich geht der Bär weg. Ich stoße einen Seufzer der Erleichterung aus und lege mein Messer weg. Einfach Als ich gerade wieder ins Bett gehen will, höre ich draußen **etwas** anderes. Diesmal hört es sich an, als würden Leute reden. Ich nehme wieder mein **Messer** und schleiche zum Fenster, um zu sehen, wer es ist.

cabane. Soulagé, je me dirige vers la cabane et frappe à la porte. Après quelques **instants**, une vieille femme répond à la porte. Elle semble **surprise** de me voir, mais elle m'invite à entrer et me propose de faire du thé. J'accepte avec gratitude son offre et m'assois près du feu. La vieille femme commence à me parler de la **forêt**. Elle dit que c'est un endroit magique, plein de secrets et de merveilles. Elle me parle de la fois où elle a vu une licorne dans la forêt, et je ne peux m'empêcher de la croire. Alors que nous sommes assises là à parler, je sens mes soucis s'envoler.

Je commençais enfin à me détendre quand soudain, j'ai entendu un bruit **dehors**. On dirait que quelque chose se **dirige vers la** cabane. J'attrape rapidement mon couteau et me cache derrière la porte. En regardant par la fente, je vois un grand ours noir qui marche sur ses pattes arrières. Il renifle autour de lui et ne semble pas m'avoir encore vu. Je ne sais pas quoi faire. J'attends pendant ce qui me **semble** être une éternité, mais l'ours finit par s'éloigner. Je pousse un soupir de soulagement et je range mon couteau. Juste Alors que je suis sur le point de me recoucher, j'entends autre chose dehors. Cette fois, on dirait que des gens parlent. Je prends à nouveau mon **couteau** et me glisse vers la fenêtre pour voir qui c'est.

Fragen zum Verständnis

1. Wie heißt die Stadt, die der Autor besucht hat?

2. Was hielt der Autor von den Menschen in Köln?

3. Wie heißt die berühmte Kathedrale in Köln?

4. Was hält der Autor von der Kathedrale?

5. Was hat der Autor in der Kathedrale gemacht?

6. Was hält der Autor von der Aussicht von der Spitze der Kathedrale?

7. Was hat der Autor zu Abend gegessen?

8. Wo war das Restaurant?

9. Wie hat der Autor das Essen empfunden?

10. Welchen Gesamteindruck hatte der Autor von Köln?

Questions de compréhension

1. Quel est le nom de la ville que l'auteur a visitée ?

2. Que pense l'auteur des habitants de Cologne ?

3. Quel est le nom de la célèbre cathédrale de Cologne ?

4. Que pense l'auteur de la cathédrale ?

5. Qu'a fait l'auteur dans la cathédrale ?

6. Que pense l'auteur de la vue depuis le sommet de la cathédrale ?

7. Qu'est-ce que l'auteur a mangé pour le dîner ?

8. Où se trouvait le restaurant ?

9. Que pense l'auteur de ce repas ?

10. Quelle est l'impression générale de l'auteur sur l'eau de Cologne ?

Kölner Dom

Ich wollte schon immer einmal Köln besuchen. Ich hatte schon so viel über die Stadt und ihren berühmten Dom gehört. Als ich eingeladen wurde, an einer Konferenz teilzunehmen, bekam ich endlich die Gelegenheit dazu. Ich kam an einem sonnigen Tag im Juni in Köln an. Das erste, was mir auffiel, war, wie sauber und gut gepflegt die Stadt war. **Überall, wo** ich hinsah, gab es Blumen und Bäume. Und die Menschen! Sie waren so freundlich und hilfsbereit, immer bereit, stehen zu bleiben und zu plaudern oder mir den Weg zu zeigen. Ich hatte gehört, dass die **Kathedrale** wirklich eine beeindruckende Sehenswürdigkeit ist. Seine gewaltige Größe ist **atemberaubend**, und im Inneren ist es so friedlich, trotz der Tausenden von Menschen, die ihn jeden Tag besuchen. Ich beschloss, den Kölner Dom zu besuchen, während ich in Köln war. Ich nahm den Bus von meinem Hotel und erreichte das **prächtige** Bauwerk innerhalb einer Stunde.

Nachdem ich eine Weile die Fassade bewundert hatte, ging ich hinein und war **von** der Größe des Gebäudes **überwältigt**. Es war ein unwirkliches Gefühl, an einem so historischen Ort zu stehen. Ich spazierte durch die Kathedrale, bewunderte ihre schöne Architektur

Cathédrale de Cologne

J'ai toujours voulu visiter Cologne. J'avais tellement entendu parler de la ville et de sa célèbre cathédrale. J'en ai finalement eu l'occasion lorsqu'on m'a invitée à y assister à une conférence. Je suis arrivée à Cologne par une journée ensoleillée de juin. La première chose qui m'a **frappée,** c'est la propreté et le bon entretien de la ville. **Partout où** je regardais, il y avait des fleurs et des arbres. Et les gens ! Ils étaient si amicaux et serviables, toujours prêts à s'arrêter pour discuter ou proposer des directions. J'avais entendu dire que la **cathédrale** était vraiment un spectacle étonnant. Sa taille massive est **à couper le souffle** et son intérieur est si paisible, malgré les milliers de personnes qui la visitent chaque jour. J'ai décidé de visiter la cathédrale de Cologne pendant mon séjour à Cologne. J'ai pris le bus depuis mon hôtel et je suis arrivé à la **magnifique** structure en une heure.

Après avoir admiré sa façade pendant un moment, je suis entré à l'intérieur et j'ai été **impressionné** par sa taille. C'était surréaliste de se trouver dans un lieu aussi historique. J'ai fait le tour de la cathédrale, admirant sa belle architecture et découvrant son histoire. J'ai également visité le trésor, qui abrite de nombreux objets

und erfuhr etwas über ihre Geschichte. Ich besuchte auch die Schatzkammer, in der viele unschätzbare Artefakte aufbewahrt werden. Ich war **sofort** von der hoch aufragenden gotischen **Architektur** beeindruckt. Nachdem ich einige Minuten lang die Außenfassade bewundert hatte, machte ich mich auf den Weg ins Innere. Das Innere der Kathedrale war sogar noch atemberaubender als die Außenansicht. Der höhlenartige Raum wurde durch **Sonnenlicht** erhellt, das durch die Buntglasfenster hereinfiel. Ich verbrachte einige Zeit damit, herumzulaufen und alle Details dieses unglaublichen Gebäudes in mich aufzunehmen, bevor ich mich auf die Spitze eines der Türme begab. Von dort oben hatte ich einen atemberaubenden Blick auf Köln und die Umgebung. Nachdem ich die Aussicht eine Weile genossen hatte, stieg ich wieder auf den Boden hinunter und erkundete den Rest dieses erstaunlichen Ortes, eines der bekanntesten und schönsten **Gebäude** in Deutschland, das ich endlich aus der Nähe sehen konnte.

Ich wurde nicht **enttäuscht**. Ich verbrachte Stunden damit, im Inneren herumzulaufen und die Handwerkskunst zu **bewundern**. Ich kletterte auch auf die Spitze eines der Türme, um einen unglaublichen Blick auf die Stadt unter uns. Als ich die Kathedrale verließ, war ich von dem, was ich gesehen hatte, einfach **überwältigt**.

inestimables. J'ai été **immédiatement** impressionnée par l'**architecture** gothique flamboyante. Après avoir admiré l'extérieur pendant quelques minutes, je me suis rendu à l'intérieur. L'intérieur de la cathédrale était encore plus époustouflant que l'extérieur. L'espace caverneux était illuminé par la **lumière du soleil** qui entrait par les vitraux. J'ai passé un certain temps **à me promener** et à observer tous les détails de cet incroyable bâtiment avant de me rendre au sommet de l'une de ses tours. De là-haut, j'avais une vue imprenable sur Cologne et au-delà. Après avoir profité de la vue pendant un moment, je suis redescendu au niveau du sol et j'ai continué à explorer le reste de ce lieu étonnant. C'est l'un des **bâtiments** les plus emblématiques et les plus beaux d'Allemagne, et j'ai enfin eu la chance de le voir de près.

Je n'ai pas été **déçu**. J'ai passé des heures à me promener à l'intérieur, à **admirer** l'artisanat. J'ai également grimpé au sommet de l'une des tours pour avoir une vue incroyable de la ville.
la ville en contrebas. En quittant la cathédrale, je ne pouvais m'empêcher d'être **bouleversée** par ce que j'avais vu.

Fragen zum Verständnis

1. Wie heißt die Stadt, die der Autor besucht hat?

2. Was hielt der Autor von den Menschen in Köln?

3. Wie heißt die berühmte Kathedrale in Köln?

4. Was hält der Autor von der Kathedrale?

5. Was hat der Autor in der Kathedrale gemacht?

6. Wie fand der Autor die Aussicht vom Turm der Kathedrale?

7. Was hat der Autor zu Abend gegessen?

8. Wo befand sich das Restaurant?

9. Wie fand der Autor das Essen?

10. Welchen Gesamteindruck hat der Autor von Köln?

Questions de compréhension

1. Quel est le nom de la ville que l'auteur a visitée ?

2. Que pense l'auteur des habitants de Cologne ?

3. Quel est le nom de la célèbre cathédrale de Cologne ?

4. Que pense l'auteur de la cathédrale ?

5. Qu'a fait l'auteur à la cathédrale ?

6. Que pense l'auteur de la vue depuis le sommet de la tour de la cathédrale ?

7. Qu'est-ce que l'auteur a mangé pour le dîner ?

8. Où était situé le restaurant ?

9. Que pense l'auteur de la nourriture ?

10. Quelle a été l'impression générale de l'auteur sur Cologne ?

Besuch in Berlin

Ich wollte schon immer mal nach Berlin. Ich hatte schon so viel über die Stadt gehört - die Geschichte, die Kultur, das Essen. Als sich mir dann endlich die Gelegenheit bot, die Stadt zu besuchen, ergriff ich die Gelegenheit. Ich kam an einem kalten, grauen **Januartag** in Berlin an. Aber selbst das Wetter konnte meine Laune nicht trüben. Ich war begeistert, hier zu sein. Ich begann meine Erkundung der Stadt mit der **Besichtigung** einiger ihrer berühmtesten **Wahrzeichen**. Das Brandenburger Tor, der Reichstag, Checkpoint Charlie - all diese Orte hatte ich bisher nur auf Fotos oder im Fernsehen gesehen. Und jetzt war ich tatsächlich hier und stand vor ihnen. Ich verbrachte ein paar Tage damit, durch die Straßen Berlins zu schlendern und die **Sehenswürdigkeiten** und Geräusche dieser erstaunlichen Stadt in mich aufzunehmen. Ich aß Currywurst und trank Bier in Biergärten.

Ich habe Museen und **Kunstgalerien** besucht. Ich habe sogar eine Bootsfahrt auf der Spree gemacht. Ich habe mir auch einige weniger bekannte Orte angesehen, wie den **Mauerpark** und die East Side **Gallery**. Ich war wirklich beeindruckt, wie viel Geschichte es in Berlin gibt. Jede Ecke schien eine Geschichte zu erzählen zu

Visiter Berlin

J'ai toujours voulu visiter Berlin. J'avais tellement entendu parler de la ville, de son histoire, de sa culture, de sa gastronomie. Et donc, lorsque j'ai enfin eu l'occasion de m'y rendre, j'ai sauté sur l'occasion. Je suis arrivée à Berlin par un jour froid et gris de **janvier**. Mais même le temps n'a pas pu entamer mon moral. J'avais hâte d'être ici. J'ai commencé mon exploration de la ville en **visitant** certains de ses **sites** les plus célèbres. La porte de Brandebourg, le Reichstag, Checkpoint Charlie - autant d'endroits que je n'avais jamais vus qu'en photo ou à la télévision. Et maintenant, j'étais vraiment là, devant eux. J'ai passé quelques jours à errer dans les rues de Berlin, à profiter des **paysages** et des sons de cette ville étonnante. J'ai mangé des saucisses au curry et bu de la bière dans les jardins à bière.

J'ai visité des musées et des **galeries d'**art. J'ai même fait une promenade en bateau sur la rivière Spree. Je me suis également assuré de découvrir certains endroits moins connus, comme le **Mauerpark** et l'East Side **Gallery**. J'ai été vraiment impressionnée par la quantité d'histoire qu'il y a à à Berlin. Chaque coin de rue semblait avoir une histoire à raconter. J'ai adoré découvrir le passé de la ville et les **différentes**

haben. Ich fand es toll, etwas über die Vergangenheit der Stadt und all die **verschiedenen** Kulturen zu erfahren, die sie beeinflusst haben. Ich habe auch das Essen und das Nachtleben in Berlin genossen. Es gibt so viele tolle Restaurants und Bars, aus denen man wählen kann. Ich betrat die Bar und fühlte mich sofort fehl am Platz. Es war zu hell, zu laut, und alle schienen viel zu viel Spaß zu haben. Ich bestellte ein **Bier** und setzte mich allein an einen Tisch. Ich beobachtete die Leute eine Weile und fragte mich, was ihre Geschichten waren. Waren sie Einheimische oder Touristen? Was machten sie in Berlin? Während ich an meinem Bier nippte, begann ich mich zu entspannen und die Atmosphäre zu genießen. Das war der Grund, warum ich Berlin liebte - es war immer so lebendig und es gab immer **etwas** Neues zu entdecken. Die **Musik** begann in meinem Körper zu pulsieren, und ich konnte nicht anders, als mit dem Fuß mitzuwippen. Es dauerte nicht lange, und ich erhob mich von meinem Platz und tanzte allein in der Mitte des Lokals. Niemand kümmerte sich darum, dass ich niemanden kannte - sie waren alle zu sehr damit beschäftigt, sich zu amüsieren. Ich verließ die Bar lächelnd und war glücklich, eine andere Seite Berlins kennengelernt zu haben, von der ich gar nicht wusste, dass sie existiert.

cultures qui l'ont influencée. J'ai également apprécié la nourriture et la vie nocturne à Berlin. Je suis entrée dans le bar et je ne me suis pas sentie à ma place. C'était trop lumineux, trop bruyant, et tout le monde semblait **s'amuser** beaucoup trop. J'ai commandé une **bière** et me suis assis seul à une table. J'ai regardé les gens pendant un moment, me demandant quelles étaient leurs histoires. Étaient-ils des locaux ou des touristes ? Que faisaient-ils à Berlin ? En sirotant ma bière, j'ai commencé à me détendre et à profiter de l'atmosphère. C'est pour cela que j'aimais Berlin - c'était toujours si vivant et il y avait toujours **quelque chose de** nouveau à découvrir. La **musique s'**est mise à résonner dans mon corps, et je n'ai pas pu m'empêcher de taper du pied en même temps. Très vite, je me suis levée de mon siège et j'ai dansé toute seule au milieu du bar. Personne ne se souciait du fait que je ne connaissais personne - ils étaient tous trop occupés à s'amuser. J'ai quitté le bar en souriant, heureuse d'avoir découvert une autre facette de Berlin dont j'ignorais l'existence.

Fragen zum Verständnis

1. Wie war das Wetter, als der Autor in Berlin ankam?

2. Welche Orte hat der Autor während seines Aufenthalts in Berlin besucht?

3. Wie fand der Autor das Essen in Berlin?

4. Welchen Eindruck hatte der Autor von den Menschen in Berlin?

5. Wie fand der Autor das Nachtleben in Berlin?

6. Was hält der Autor von der Geschichte der Stadt?

7. Was hat dem Autor an seinem Besuch in Berlin am besten gefallen?

8. Was hat der Autor zum Abendessen im Restaurant bestellt?

Questions de compréhension

1. Quel temps faisait-il lorsque l'auteur est arrivé à Berlin ?

2. Quels sont les endroits que l'auteur a visités pendant son séjour à Berlin ?

3. Que pense l'auteur de la nourriture à Berlin ?

4. Quelle a été l'impression de l'auteur sur les habitants de Berlin ?

5. Que pense l'auteur de la vie nocturne à Berlin ?

6. Que pense l'auteur de l'histoire de la ville ?

7. Quelle a été la partie de la visite de Berlin que l'auteur a préférée ?

8. Qu'est-ce que l'auteur a commandé pour le dîner au restaurant ?

Fußballspiel

Als junger Amerikaner habe ich mich nie wirklich für Fußball interessiert. Ich wusste zwar davon, und ich hatte ein paar Spiele im Fernsehen gesehen, aber es **hat** mich nie wirklich interessiert. Als ich jedoch nach Deutschland zog, um zu studieren, begann ich eine echte Liebe für diesen Sport zu entwickeln. Und wo könnte man besser **Fußball** sehen als in Deutschland, wo einige der besten Mannschaften der Welt zu Hause sind? Als mir ein Freund von einem Fußballspiel in Berlin erzählte, wusste ich, dass ich unbedingt hingehen musste. Ich war noch nie zuvor bei einem Spiel gewesen, geschweige denn bei einem Fußballspiel, aber ich war **gespannt darauf**, etwas Neues zu erleben. Das **Spiel** war unglaublich. Tausende von Menschen aus ganz Deutschland (und sogar einige aus anderen Ländern) kamen zusammen, um ihre Liebe zum Fußball zu feiern. Es waren so viele verschiedene Mannschaften vertreten, und alle sangen und skandierten gemeinsam. Es war eine unglaubliche Atmosphäre.

Damals wusste ich noch nicht viel über den deutschen Fußball, aber ich erfuhr schnell, dass Bayern München die beliebteste Mannschaft war. Und wie sich herausstellte, spielten sie auch im **Endspiel**. Es

Match de football

En tant que jeune Américain, je n'ai jamais été vraiment intéressé par le football. Je connaissais ce sport et j'avais vu quelques matchs à la télévision, mais il ne m'**a** jamais vraiment intéressé. Cependant, lorsque j'ai déménagé en Allemagne pour l'université, j'ai commencé à développer une véritable passion pour ce sport. Et quel meilleur endroit pour regarder le **football** qu'en Allemagne, où se trouvent certaines des meilleures équipes du monde ? Alors, quand un ami m'a parlé d'un match de **football** qui se déroulait à Berlin, j'ai su que je devais y aller. Je n'avais jamais assisté à un match auparavant, et encore moins à un match de football, mais j'étais **impatiente** de vivre une nouvelle expérience. Le **match** était incroyable. Des milliers de personnes venues de toute l'Allemagne (et même d'autres pays) se sont rassemblées pour célébrer leur amour du football. Il y avait tellement d'équipes différentes représentées, et tout le monde chantait et chantait ensemble. C'était une atmosphère incroyable.

Je ne connaissais pas grand-chose au football allemand à l'époque, mais j'ai vite appris que le Bayern Munich était l'équipe la plus populaire. Et il se trouve qu'elle jouait également le match de la

war in den frühen Morgenstunden, als wir in Frankfurt ankamen. Die Stadt schlief noch, aber wir konnten die Aufregung in der Luft spüren. Wir machten uns auf den Weg zum Treffpunkt, wo sich bereits Menschen **versammelten**. Wir schlossen uns der Menge an und begannen zu marschieren. Die Sonne ging gerade auf, als wir durch die Straßen von **Frankfurt zogen**. Je näher wir dem **Stadion kamen**, desto mehr Menschen schlossen sich uns an. Als wir dort ankamen, war das Stadion überfüllt mit Menschen. Wir sangen und skandierten, während wir um das Stadion marschierten. Die **Atmosphäre** war elektrisierend. Wir konnten die Kraft der Menschen um uns herum spüren. Wir waren vereint in unserer Liebe für unser Team und unser Land. Der Marsch ging noch stundenlang weiter, aber schließlich war es Zeit, nach Hause zu gehen. Wir verließen das Stadion, unsere Stimmen klangen noch in unseren Ohren.

Wir haben heute Geschichte geschrieben. Wir haben der Welt gezeigt, dass Deutschland eine Kraft ist, mit der man **rechnen muss**. Ich war in **Deutschland**, als die Weltmeisterschaft dort stattfand. Es war ein wunderschöner Tag für einen Fußballmarsch. Die Sonne schien und die **deutschen** Fans waren in voller Montur unterwegs. Sie waren alle in den Farben ihrer Mannschaften gekleidet und sangen und skandierten, während sie gingen. Es war ein Meer aus Rot, Weiß und Schwarz.

finale. Il **était** très tôt le matin lorsque nous sommes arrivés à Francfort. La ville est encore endormie, mais nous pouvons sentir l'excitation dans l'air. Nous nous sommes dirigés vers le point de rencontre, où les gens **commençaient** déjà à se rassembler. Nous avons rejoint la foule et commencé à marcher. Le soleil se lève alors que nous nous frayons un chemin dans les rues de **Francfort**. Plus nous nous rapprochions du **stade**, plus les gens nous rejoignaient. Au moment où nous sommes arrivés, le stade débordait de monde. Nous avons scandé et chanté en marchant autour du stade. L'**atmosphère** était électrique. Nous pouvions sentir la puissance des personnes qui nous entouraient. Nous étions unis dans notre amour pour notre équipe et notre pays. La marche a duré des heures, mais finalement, il était temps de rentrer à la maison. Nous avons quitté le stade, nos voix résonnant encore dans nos oreilles.

Nous avons fait l'histoire aujourd'hui. Nous avons montré au monde que l'Allemagne est une force avec laquelle il faut **compter**. J'étais en **Allemagne** quand la coupe du monde s'y est déroulée. C'était une belle journée pour une marche de football. Le soleil brillait et les supporters **allemands étaient présents** en force. Ils étaient tous parés des couleurs de leur équipe, chantant et chantant tout en marchant. C'était une mer de rouge, de blanc et de noir.

Fragen zum Verständnis

1. Wie war die Atmosphäre im Stadion?

2. Wie hat sich der Autor gefühlt, als er das Spiel miterleben konnte?

3. Was war das einprägsamste Erlebnis für den Autor?

4. Wie war es für den Autor, die Mannschaft herauskommen zu sehen?

5. Wie war das noch gleich?

6. Wie war es für den Autor, an dem Marsch teilzunehmen?

7. Wie hat der Autor die Erfahrung insgesamt empfunden?

8. Wie war die Stimmung in der Menge?

Questions de compréhension

1. Quelle était l'ambiance dans le stade ?

2. Comment l'auteur a-t-il ressenti le fait de pouvoir assister au match ?

3. Quelle a été l'expérience la plus mémorable pour l'auteur ?

4. Qu'a ressenti l'auteur en voyant l'équipe sortir ?

5. Comment était-ce ?

6. Qu'a ressenti l'auteur en participant à la marche ?

7. Que pense l'auteur de l'expérience dans son ensemble ?

8. Comment était la foule ?

Oktoberfest

Jedes Jahr strömen **Hunderttausende** von Menschen zum Oktoberfest, dem **größten Volksfest** der Welt, nach München. Die Veranstaltung ist ein Fest der bayerischen Kultur, das zwei **Wochen lang dauert** und am ersten Oktoberwochenende seinen Höhepunkt erreicht. Für viele Menschen ist das Oktoberfest eine Gelegenheit, sich auszutoben und kräftig zu feiern. Die Bierzelte sind immer voll, und es ist nicht **ungewöhnlich, dass man** Leute sieht, die herumstolpern und kaum stehen können. Aber das Oktoberfest ist auch eine familienfreundliche Veranstaltung mit vielen Aktivitäten für Kinder. Ich wollte schon immer mal auf das Oktoberfest gehen, aber ich habe es nicht geschafft, bis Ich war Anfang **zwanzig**, als ich endlich die Reise antrat. Ich reiste mit einer Gruppe von Freunden, und wir hatten eine tolle Zeit. Wir begannen unsere Tage damit, **München** zu erkunden und einige **Sehenswürdigkeiten zu besichtigen**. Am Nachmittag fuhren wir dann zum Oktoberfestgelände und blieben dort bis spät in die Nacht.

Wir probierten all die **verschiedenen** Bierzelte aus und aßen viele traditionelle bayerische Gerichte. Wir gingen auch auf einige der Fahrgeschäfte, die überraschenderweise nicht so überfüllt waren, wie ich

Oktoberfest

Chaque année, des centaines de **milliers de** personnes se rendent à Munich pour l'Oktoberfest, la **plus grande** foire du monde. Cet événement, qui célèbre la culture bavaroise, dure deux **semaines** et culmine le premier week-end d'octobre. Pour beaucoup de gens, l'Oktoberfest est l'occasion de se lâcher et de faire la fête. Les tentes à bière sont toujours bondées et il n'est pas **rare de** voir des gens trébucher, à peine capables de se tenir debout. Mais Octoberfest est aussi un événement familial, avec de nombreuses activités pour les enfants. J'ai toujours voulu aller à l'Oktoberfest, mais ce n'est qu'à partir du J'avais une **vingtaine d'années** lorsque j'ai finalement fait le voyage. J'y suis allée avec un groupe d'amis, et nous avons passé un moment incroyable. Nous commencions nos journées en explorant **Munich** et en faisant du **tourisme.** L'après-midi, nous nous rendions à l'Octoberfest et y restions jusqu'à tard dans la nuit.

Nous avons essayé toutes les **différentes** tentes à bière et mangé beaucoup de nourriture traditionnelle bavaroise. Nous sommes également allés sur certains manèges, qui n'étaient étonnamment pas aussi bondés que je le pensais. L'odeur des **bretzels** frais et de la bière emplissait l'air alors que je me frayais un

dachte. Der Geruch von frischen **Brezeln** und Bier erfüllte die Luft, als ich mir meinen Weg durch die Oktoberfest-Massen bahnte. Ich konnte mir ein Lächeln nicht verkneifen, als ich die festliche **Atmosphäre in mich** aufnahm - überall lachten und tanzten die Leute. Ich kaufte mir einen Krug Bier und suchte mir einen Platz, um die Leute zu beobachten. Ich beobachtete, wie Gruppen von Freunden aufeinander anstießen, ihre Gläser aneinander stießen und große Schlucke Bier nahmen. Lachen und Musik erfüllten die Luft, und ich konnte nicht anders, als mit dem Fuß im Takt zu wippen. Plötzlich rempelte mich jemand von hinten an und **verschüttete** mein Bier über mein Hemd. Ich drehte mich um und sah eine Gruppe rüpelhafter Jugendlicher, die offensichtlich schon ziemlich betrunken waren. Sie **entschuldigten sich** vielmals und boten mir an, mir ein neues Bier zu kaufen. Ich lehnte ab, aber sie bestanden darauf, und so gab ich schließlich nach.

 Ich unterhielt mich eine Weile mit ihnen und fand heraus, dass sie alle aus verschiedenen Teilen Deutschlands stammen. Sie **luden** mich an ihren Tisch **ein**, und ich hatte viel Spaß beim **Tanzen** und Trinken mit ihnen bis in die Nacht hinein. Als die Sonne aufging, wurde mir klar, dass ich eine unglaubliche Zeit erlebt hatte - das war definitiv eine Nacht, die ich nie vergessen werde! Am liebsten habe ich auf dem Oktoberfest einfach nur Leute beobachtet.

chemin dans la foule de l'Oktoberfest. Je n'ai pas pu m'empêcher de sourire en observant l'**atmosphère** festive - les gens riaient et dansaient partout où je regardais. J'ai acheté une chope de bière et trouvé un endroit pour observer les gens. J'ai vu des groupes d'amis trinquer, entrechoquer leurs verres et boire de grandes gorgées de bière. Les sons des rires et de la musique remplissaient l'air, et je ne pouvais m'empêcher de taper du pied en suivant le rythme. Soudain, quelqu'un m'a bousculé par derrière, **renversant** ma bière sur ma chemise. Je me suis retourné pour voir un groupe d'adolescents turbulents, qui étaient manifestement déjà bien ivres. Ils **se sont excusés** abondamment et m'ont proposé de me payer une nouvelle bière. J'ai refusé, mais ils ont insisté et j'ai fini par céder.

 J'ai discuté avec eux pendant un moment et j'ai découvert qu'ils venaient tous de différentes régions d'Allemagne. Ils m'ont **invité** à rejoindre leur table, et j'ai passé un bon moment à **danser** et à boire avec eux jusqu'au bout de la nuit. Lorsque le soleil a commencé à se lever, j'ai réalisé que j'avais passé un moment incroyable - c'était définitivement une nuit que je n'oublierai jamais ! Ce que j'ai préféré d'Octoberfest, c'est simplement regarder les gens.

Fragen zum Verständnis

1. Wo findet jedes Jahr das Oktoberfest statt?

2. Wie viele Menschen besuchen jedes Jahr das Oktoberfest?

3. Wofür ist das Oktoberfest bekannt?

4. Wie lange dauert das Oktoberfest?

5. In welchem Monat findet das Oktoberfest statt?

6. Warum wollte der Autor das Oktoberfest besuchen?

7. Wie ist der Autor zum Oktoberfest gereist?

8. Was hat der Autor in den Bierzelten gemacht?

9. Welche Aktivitäten gab es für Kinder?

10. Warum hat der Autor seinen Aufenthalt genossen?

Questions de compréhension

1. Où se déroule l'Oktoberfest chaque année ?

2. Combien de personnes visitent l'Oktoberfest chaque année ?

3. Pour quoi l'Oktoberfest est-elle connue ?

4. Combien de temps dure l'Oktoberfest ?

5. En quel mois a lieu l'Oktoberfest ?

6. Pourquoi l'auteur voulait-il visiter l'Oktoberfest ?

7. Comment l'auteur s'est-il rendu à l'Oktoberfest ?

8. Que faisait l'auteur dans les tentes à bière ?

9. Quelles étaient les activités proposées aux enfants ?

10. Pourquoi l'auteur a-t-il apprécié son séjour ?

Am Strand

Nach Sonnenaufgang sind die Wellen lauter und der Sand oberhalb der Flut ist weiß. Ich gehe hinunter zum Strand, **bewundere** das Meer und die Sonne. Meine Zehen spüren die Rillen der Muscheln. Der Sand ist kalt an meinen Zehen. Ich lächle und gehe weiter. Die Flut ist hoch, also muss ich aufpassen, dass ich nicht hineingezogen werde. Ich laufe am Ufer entlang und bewundere das Meer. Der Sonnenaufgang ist **wunderschön**, und die Wellen plätschern. Ich fühle mich so friedlich. Ich komme zu einer Stelle, an der ein Felsvorsprung steht. Ich setze mich hin und beobachte die Wellen. Das Wasser ist so blau und der Himmel ist so **orange**. Ich fühle mich wie in einem Traum. Ich schließe die Augen und lausche einfach nur den Wellen. Ich saß lange Zeit dort, bis ich hörte, wie jemand meinen Namen rief.

Ich öffne meine Augen und sehe meine Mutter auf mich zukommen. Sie hat einen besorgten Ausdruck im Gesicht. Ich lächle und winke, und sie **entspannt sich**. "Ich habe mich schon gefragt, wo du bist", sagt sie. "Ich freue mich, dass du den Strand genießt." Ich antworte: "Das tue ich." "Es ist so schön hier." "Ich weiß", sagt sie. "Als ich in deinem Alter war, bin ich ständig hierhergekommen." "Wirklich?" frage ich. "Ja",

A la plage

Après le lever du soleil, les vagues sont plus fortes et le sable au-dessus de la marée est blanc. Je marche jusqu'à la plage, **admirant** la mer et le soleil. Mes orteils sentent les rainures des coquillages. Le sable est froid sur mes orteils. Je souris et je continue. La marée est haute, alors je dois faire attention à ne pas me laisser entraîner. Je marche le long du bord de l'eau, en admirant la mer. Le lever du soleil est **magnifique**, et les vagues s'écrasent. Je me sens si paisible. J'arrive à un endroit où il y a un affleurement rocheux. Je m'assieds et je regarde les vagues. L'eau est si bleue et le ciel est si **orange**. J'ai l'impression d'être dans un rêve. Je ferme les yeux et je me contente d'écouter les vagues. Je suis restée assise pendant un long moment, jusqu'à ce que j'entende quelqu'un m'appeler.

J'ouvre les yeux et je vois ma mère marcher vers moi. Elle a un air inquiet sur le visage. Je souris et je lui fais signe, et elle **se détend**. "Je me demandais où tu étais allée", dit-elle. "Je suis contente que tu profites de la plage." Je réponds : "J'en profite." "C'est tellement beau ici." "Je sais", dit-elle. "Je venais ici tout le temps quand j'avais ton âge." "Vraiment ?" Je demande. "Ouais", répond-elle. "C'est un endroit spécial." "As-tu déjà rencontré quelqu'un de spécial ici ?" Je demande. "Oui",

antwortet sie. "Es ist ein besonderer Ort.""Hast du hier jemals jemand Besonderen getroffen?" frage ich. "Ja", antwortet sie mit einem Lächeln. "Deinen Vater." "Wirklich?" sage ich **erstaunt**. "Ja", sagt sie. "Wir waren früher immer zusammen hier. Hier haben wir uns verliebt. "Ich lächle und **stelle mir** meine Eltern **vor, wie sie sich** an diesem schönen Strand verlieben. "Es ist ein besonderer Ort", wiederholt sie. "Ich bin froh, dass du heute hierher gekommen bist."

Wir sitzen noch eine Weile da und **beobachten** die Wellen und den Sonnenuntergang. Dann stehen wir auf und gehen zurück zu unseren Strandtüchern. Ich lege mich hin und schaue mir die Sterne an. Ich fühle mich so glücklich und zufrieden. Die Wellen sind jetzt lauter, und der Sand ist kalt. Die Sonne geht unter und eine kühle Brise weht. Die Wellen schlagen gegen das Ufer, und der Geruch von Salz liegt in der Luft. Es ist ein perfekter Abend, um am Strand zu sein. Ich spaziere am Ufer entlang, **lausche dem** Rauschen der Wellen und beobachte den Sonnenuntergang. Ich sehe eine Gruppe von Leuten, die lachend und scherzend im Sand sitzen. Sie sehen aus, als hätten sie eine tolle Zeit. Ich gehe zu ihnen hin und frage, ob ich mich zu ihnen setzen darf. Sie sagen ja, und wir verbringen den Rest des Abends damit, uns zu unterhalten, zu lachen und den **Sonnenuntergang** zu beobachten. Es ist ein perfekter Abend. Die Gruppe und ich unterhalten uns, bis die Sonne untergeht.

répond-elle avec un sourire. "Ton père." "Vraiment ?"
Je dis, **surpris**. "Oui," dit-elle. "Nous avions l'habitude
de venir ici tout le temps ensemble. C'est là que nous
sommes tombés amoureux. " Je souris, **imaginant**
mes parents tombant amoureux sur cette magnifique
plage. " C'est un endroit spécial ", répète-t-elle. "Je suis
contente que tu sois venu ici aujourd'hui."

Nous restons assis là un moment de plus, à **regarder**
les vagues et le coucher de soleil. Puis nous nous
levons et retournons à nos serviettes de plage.
Je m'allonge et regarde les étoiles. Je me sens si
heureuse et satisfaite. Les vagues sont plus fortes
maintenant, et le sable est froid. Le soleil se couche et
une brise fraîche souffle. Les vagues s'écrasent sur le
rivage et l'odeur du sel flotte dans l'air. C'est une soirée
parfaite pour être à la plage. Je me promène le long du
rivage, en **écoutant le** bruit des vagues et en regardant
le coucher du soleil. Je vois un groupe de personnes
assises sur le sable, qui rient et plaisantent. Ils ont
l'air de passer un bon moment. Je m'approche d'eux
et leur demande si je peux les rejoindre. Ils acceptent
et nous passons le reste de la soirée à parler, à rire
et à regarder le **coucher de soleil**. C'est une soirée
parfaite. Le groupe et moi parlons jusqu'au coucher du
soleil.

Fragen zum Verständnis

1. Wohin geht die Erzählerin, nachdem sie aufgewacht ist?

2. Was bewundert die Erzählerin, während sie am Strand entlanggeht?

3. Worauf muss die Erzählerin aufpassen, wenn sie am Strand entlanggeht?

4. Wo setzt sich der Erzähler hin, um die Aussicht zu genießen?

5. Wie lange sitzt der Erzähler dort?

6. Wen sieht die Erzählerin, als sie ihre Augen wieder öffnet?

7. Was sagt die Mutter des Erzählers?

8. Worüber sprechen die Erzählerin und die Menschen, die sie trifft?

Questions de compréhension

1. Où va la narratrice après son réveil ?

2. Qu'est-ce que la narratrice admire en marchant le long de la plage ?

3. De quoi la narratrice doit-elle se méfier lorsqu'elle marche le long de la plage ?

4. Où le narrateur s'assoit-il pour profiter de la vue ?

5. Combien de temps le narrateur reste-t-il assis là ?

6. Qui la narratrice voit-elle lorsqu'elle ouvre à nouveau les yeux ?

7. Que dit la mère du narrateur ?

8. De quoi parlent la narratrice et les personnes qu'elle rencontre ?

Camping am See

Ich gehe auf den See zu und **bewundere** die Ruhe, die hier herrscht. Die Sonne brennt auf den kleinen See und lässt das Wasser wie eine Glasscheibe aussehen. Die einzige Bewegung ist das gelegentliche Plätschern eines Fisches, der die Oberfläche durchbricht. Selbst die Vögel scheinen sich von der Hitze zu erholen, denn nur das Zirpen der Zikaden erfüllt die Luft. **Plötzlich wird** die Ruhe durch ein lautes Plätschern unterbrochen. Ein großer **Fisch ist aus dem** Wasser gesprungen und versucht, eine Libelle zu fangen. Der Fisch verfehlt sein Ziel und fällt mit einem Platschen zurück ins Wasser. "Wow", denke ich mir, "das war ein großer Fisch!". Ich schaue mich um, um zu sehen, ob ihn noch jemand gesehen hat, aber es ist niemand da. Ich werde es ihnen wohl erzählen müssen, wenn ich zum Camp zurückkehre.

Die Hitze ist **drückend** und macht das Atmen schwer. Die Luft ist dick und schwer, wie eine Decke, die einen einhüllt. Die einzige Erleichterung bietet das Wasser. Es ist kühl und erfrischend, wie ein kaltes Getränk an einem heißen Tag. Ich atme tief ein und tauche ins Wasser ein. Die Erleichterung tritt sofort ein, als mich das kühle Wasser umgibt. Ich schwimme auf den Grund und dann wieder an die Oberfläche und spüre, wie das

Camping au lac

Je me dirige vers le lac, **admirant** la tranquillité de la scène. Le soleil tape sur le petit lac, faisant ressembler l'eau à une feuille de verre. Le seul mouvement est l'ondulation occasionnelle d'un poisson **brisant la** surface. Même les oiseaux semblent prendre une pause de la chaleur, avec seulement le son des cigales remplissant l'air. **Soudain**, la paix est rompue par un grand plouf. Un gros **poisson** a sauté hors de l'eau, essayant d'attraper une libellule. Le poisson rate sa cible et retombe dans l'eau avec un plouf. "Wow," je me dis, "c'était un gros poisson !". J'ai regardé autour de moi pour voir si quelqu'un d'autre l'avait vu, mais il n'y avait personne. Je suppose que je devrai leur dire quand je rentrerai au camp.

La chaleur est **oppressante**, il est difficile de respirer. L'air est épais et lourd, comme une couverture qui vous enveloppe. Le seul soulagement est dans l'eau. Elle est fraîche et rafraîchissante, comme une boisson fraîche par une journée chaude. Je prends une profonde inspiration et je plonge dans l'eau. Le soulagement est immédiat car l'eau fraîche m'entoure. Je nage jusqu'au fond, puis remonte à la surface, sentant l'eau refroidir mon corps. Je continue à **faire** des longueurs, appréciant le répit de la chaleur. Après un moment,

Wasser meinen Körper kühlt. Ich **schwimme** weiter meine Runden und genieße die Abkühlung von der Hitze. Nach einer Weile steige ich aus dem Wasser und lege mich ins Gras, damit die Sonne meinen Körper trocknen kann. Ich schließe die Augen und schlafe ein. Das **Zirpen der Zikaden** wiegt mich in einen tiefen Schlaf. Ich lasse die Sonne das Wasser aus meiner Haut brennen. Ich spüre, wie meine Haut rot wird, aber es ist mir egal. Mir ist zu heiß, als dass es mir etwas ausmachen würde, und schon geht die Sonne unter. Der Himmel färbt sich orange mit rosa und violetten Reflexen. Die Hitze ist verschwunden und wird durch eine kühle **Brise** ersetzt.

Ich stehe auf und ziehe mich wieder an, fühle mich erfrischt und verjüngt. Ich **atme** tief die kühle Luft ein und lächle. Es ist ein gutes Gefühl, am Leben zu sein. Ich laufe zurück zum Campingplatz und bewundere, wie die Farben am Himmel tanzen. In der Ferne sehe ich das Lagerfeuer brennen und kann den Rauch in der Luft riechen. Ich lächle und **beschleunige** mein Tempo. Ich bin bereit, mich zu entspannen und den Rest des Abends zu genießen. Ich betrete den Lagerplatz und sehe, dass alle um das Feuer versammelt sind. Sie **lachen** und scherzen, und ich kann sehen, wie sich das Feuer in ihren Augen spiegelt. Ich lächle und setze mich neben meine Freunde. Es ist schön, wieder hier zu sein. Am nächsten Morgen wache ich früh auf und beginne, meine Sachen zu packen.

je sors de l'eau et je m'allonge sur l'herbe, laissant le soleil sécher mon corps. Je ferme les yeux et m'endors, le son des **cigales** me berce dans un profond sommeil. Je laisse le soleil faire sortir l'eau de ma peau. Je sens que ma peau devient rouge, mais je m'en moque. J'ai trop chaud pour m'en soucier. La prochaine chose que je sais, c'est que le soleil se couche. Le ciel est d'un bel orange, avec des traces de rose et de violet. La chaleur a disparu, remplacée par une **brise** fraîche.

Je me lève et me rhabille, me sentant rafraîchie et rajeunie. Je **respire** profondément l'air frais et je souris. C'est bon d'être en vie. Je retourne au camping, en admirant la façon dont les couleurs dansent dans le ciel. Je peux voir le feu de camp qui brûle au loin et je peux sentir la fumée dans l'air. Je souris et j'**accélère le** pas. Je suis prête à me détendre et à profiter du reste de ma soirée. J'entre dans le camping et je vois que tout le monde est rassemblé autour du feu. Ils **rient** et plaisantent, et je peux voir le feu se refléter dans leurs yeux. Je souris et m'assieds à côté de mes amis. C'est bon d'être de retour. Le lendemain matin, je me réveille tôt et je commence à préparer mes affaires. J'ai hâte de retourner sur le sentier et de poursuivre mon voyage. Je dis au revoir à mes amis et commence à m'éloigner. En marchant, je jette un dernier regard sur le **camping**. Je peux voir le feu qui brûle toujours au loin et je peux sentir la fumée dans l'air. Je souris et j'accélère le pas.

Fragen zum Verständnis

1. Wohin geht der Wanderer?

2. Was für ein Wetter ist es?

3. Wie sieht das Wasser aus?

4. Wie reagiert der Wanderer auf die Hitze?

5. Was macht der Fisch?

6. Warum ist der Wanderer allein?

7. Wie fühlt sich das Wasser an?

8. Wie fühlt sich der Wanderer nach dem Schwimmen?

9. Zu welcher Tageszeit wacht der Wanderer auf?

10. Wohin geht der Wanderer, wenn er das Lager verlässt?

Questions de compréhension

1. Où va le marcheur ?

2. Quel temps fait-il ?

3. À quoi ressemble l'eau ?

4. Comment le marcheur réagit-il à la chaleur ?

5. Que fait le poisson ?

6. Pourquoi le marcheur est-il seul ?

7. Quelle est la sensation de l'eau ?

8. Comment le marcheur se sent-il après avoir nagé ?

9. A quelle heure de la journée le déambulateur se réveille-t-il ?

10. Où va le marcheur quand il quitte le camp ?

Das Haus

Letzte Woche bin ich in mein neues Haus eingezogen, und ich bin so **aufgeregt**! Es ist viel größer als mein altes, und es hat einen großen Garten. Ich kann es kaum erwarten, Freunde zum Grillen und für Partys einzuladen. Mein Lieblingsteil ist mein neues Schlafzimmer. Es ist so groß und hell, und ich habe jede Menge Platz, um all meine Sachen unterzubringen. Ich bin wirklich glücklich mit meinem neuen Haus und denke, dass ich hier sehr glücklich sein werde. Ich beschloss, das Haus noch ein bisschen zu erkunden. Ich ging nach oben in den zweiten Stock und machte mich auf den Weg in die Küche, als ich eine große schwarze Spinne an der Wand sah! Ich schrie auf und rannte die Treppe hinunter. Ich war so **erschrocken**! Aber nach ein paar Minuten beruhigte ich mich und beschloss, wieder nach oben zu gehen. Langsam machte ich mich auf den Weg in die Küche und sah, dass die Spinne weg war. Ich war so erleichtert! Ich ging wieder nach unten und beschloss, nach draußen zu gehen, um den **Garten zu** erkunden. Sie war so groß! Ich konnte es nicht glauben. Ich sah eine Schaukel in der Ecke und eine Rutsche. Ich sah auch ein Basketballnetz und ein **Trampolin**. Ich war so aufgeregt!

Ich kann es kaum erwarten, all diese neuen Sachen

La Maison

J'ai emménagé dans ma nouvelle maison la semaine dernière, et je suis si **excitée** ! Elle est tellement plus grande que l'ancienne, et elle a un grand jardin. J'ai hâte d'inviter des amis pour des barbecues et des fêtes. Ce que je **préfère,** c'est ma nouvelle chambre. Elle est si grande et lumineuse, et j'ai beaucoup d'espace pour mettre toutes mes affaires. Je suis très contente de ma nouvelle maison et je pense que je serai très heureuse ici. J'ai décidé d'explorer un peu plus la maison. Je suis monté au deuxième étage et j'ai commencé à me diriger vers la cuisine quand j'ai vu une grosse araignée noire sur le mur ! J'ai crié et j'ai couru en bas. J'avais tellement **peur** ! Mais après quelques minutes, je me suis calmée et j'ai décidé de retourner à l'étage. J'ai lentement fait mon chemin vers la cuisine et j'ai vu que l'araignée était partie. J'étais tellement soulagée ! Je suis redescendu et j'ai décidé de sortir pour explorer le **jardin**. Elle était si grosse ! Je n'arrivais pas à y croire. J'ai vu une balançoire dans le coin et un toboggan. J'ai aussi vu un filet de basket et un **trampoline**. J'étais tellement excitée!

J'ai hâte d'utiliser tous ces nouveaux trucs. Les **voisins** sont venus et se sont présentés. Ils avaient l'air très gentils, et nous avons parlé un moment. Ils m'ont invité à leur barbecue le week-end prochain, et j'ai dit que j'aimerais beaucoup venir. J'ai passé une excellente

zu benutzen. Die **Nachbarn** kamen vorbei und stellten sich vor. Sie schienen wirklich nett zu sein, und wir unterhielten uns eine Weile. Sie luden mich zu ihrem Grillfest am nächsten Wochenende ein, und ich sagte, dass ich gerne kommen würde. Ich hatte eine tolle erste Woche in meinem neuen Haus und freue mich auf all die neuen Abenteuer, die vor mir liegen. Heute werde ich wieder im Garten auf Entdeckungstour gehen und sehen, was ich noch alles finden kann. Wer weiß, vielleicht finde ich ja sogar einen **Schatz**. Ich kann es kaum erwarten, zu sehen, was die nächste Woche bringt! In der nächsten Woche bin ich wieder im Garten auf Entdeckungsreise gegangen und habe einen **geheimen** Garten gefunden. Er war so schön! Überall waren Blumen und ein kleiner Teich mit Fischen drin. Ich habe auch eine Schaukel gesehen, die ich vorher noch nie gesehen hatte. Ich war so aufgeregt, diesen geheimen Garten zu finden, und ich kann es kaum erwarten, ihn weiter zu erkunden. Er war so **schön**!

Überall gab es Blumen und einen kleinen Teich mit Fischen darin. Ich habe auch eine **Schaukel** gesehen, die ich vorher noch nie gesehen hatte. Ich war so aufgeregt, diesen geheimen Garten zu finden, und ich kann es kaum erwarten, ihn weiter zu erkunden. Mein neues Zimmer hat mir auch gut gefallen. Es war so groß und hell, und an den Wänden hingen bereits Poster von meinen Lieblingsbands.

première semaine dans ma nouvelle maison et j'ai hâte de vivre toutes les nouvelles aventures qui m'attendent. Aujourd'hui, je vais encore aller explorer le jardin et voir ce que je peux trouver d'autre. Qui sait, peut-être vais-je même trouver un **trésor**. J'ai hâte de voir ce que la semaine prochaine nous réserve ! La semaine suivante, je suis retourné explorer le jardin et j'ai trouvé un jardin **secret**. C'était tellement beau ! Il y avait des fleurs partout et un petit étang avec des poissons dedans. J'ai aussi vu une balançoire que je n'avais jamais vue auparavant. J'étais si excitée de trouver ce jardin secret, et j'ai hâte de l'explorer davantage. C'était tellement **beau** !

Il y avait des fleurs partout et un petit étang avec des poissons dedans. J'ai aussi vu une **balançoire** que je n'avais jamais vue auparavant. J'étais si excitée de trouver ce jardin secret, et j'ai hâte de l'explorer davantage. J'ai aussi adoré ma nouvelle chambre. Elle était si grande et lumineuse, et il y avait déjà des posters de mes groupes préférés sur les murs.

Fragen zum Verständnis

1. Wo wohnt die Person?

2. Wie gefällt es der Person im neuen Haus?

3. Was gefällt der Person am besten an ihrem neuen Haus?

4. Was hat die Person im Garten gefunden?

5. Wer sind die Nachbarn?

6. Wie hat sich die Person in den ersten Tagen in der neuen Wohnung gefühlt?

7. Was gefällt der Person am besten an ihrem neuen Zimmer?

8. Was plant die Person morgen zu tun?

9. Was war das Beste an der ersten Woche im neuen Haus?

10. Was befindet sich alles in dem neuen Zimmer der Person?

Questions de compréhension

1. Où vit la personne ?

2. Comment la personne se sent-elle dans sa nouvelle maison ?

3. Quelle est la partie de la nouvelle maison que la personne préfère ?

4. Qu'est-ce que la personne a trouvé dans le jardin ?

5. Qui sont les voisins ?

6. Comment se sont passés les premiers jours de la personne dans sa nouvelle maison ?

7. Quelle est la partie de la nouvelle pièce que la personne préfère ?

8. Qu'est-ce que la personne prévoit de faire demain ?

9. Quelle a été la meilleure partie de la première semaine de la personne dans sa nouvelle maison ?

10. Qu'y a-t-il dans la nouvelle chambre de la personne ?

Im Zug

Ich rannte zum Bahnhof, aber ich war zu spät. Der Zug war bereits ohne mich abgefahren. Ich war so **wütend** und **enttäuscht** von mir selbst. Ich hatte geplant, mit dem Zug meine Großeltern zu besuchen, die auf dem Land leben, aber jetzt würde ich eine ganze Stunde auf den nächsten Zug warten müssen. Ich beschloss, stattdessen eine Weile durch die Stadt zu laufen und versuchte, die verpasste Gelegenheit zu vergessen. Beim Spazierengehen begann ich von all den Orten zu **träumen, an die man mit dem Zug** gelangen kann. Plötzlich war ich nicht mehr so verärgert. Ich gehe zurück in den Bahnhof und kann nicht umhin, die große rot-weiß-blaue Lokomotive zu bemerken, die auf mich zu tuckert. Erst als ich den **Schaffner** sehe, der mir aus dem Fenster zuwinkt, wird mir klar, dass dieser Zug für mich bestimmt ist. Ich steige ein, suche mir einen Platz und mache mich auf eine lange Reise gefasst.

Als wir aus dem Bahnhof fahren, frage ich mich, wohin dieser Zug mich wohl bringen wird. Durch grüne **Felder** und über blaue Flüsse, vorbei an Bergen und Tälern - man weiß nie, wohin dieser alte Zug fahren wird. Als die Nacht hereinbricht, falle ich in einen **friedlichen** Schlaf, der durch die **rhythmische** Bewegung der Waggons auf den Gleisen unter mir eingelullt wird. Als ich am nächsten Morgen die Augen öffne, sehe ich,

Dans le train

J'ai couru jusqu'à la gare, mais c'était trop tard. Le train était déjà parti sans moi. Je me suis sentie tellement **en colère** et **déçue** de moi-même. J'avais prévu de prendre le train pour rendre visite à mes grands-parents qui vivent à la campagne, mais maintenant je devais attendre le prochain train pendant une heure entière. J'ai décidé de me promener un peu dans la ville à la place et j'ai essayé d'oublier cette occasion manquée. En marchant, j'ai commencé à **rêver à** tous les endroits où le **train** peut vous emmener. Soudain, je n'étais plus aussi contrariée. Je suis retourné dans la gare et je n'ai pu m'empêcher de remarquer la grande locomotive rouge, blanche et bleue qui se dirigeait vers moi. Ce n'est que lorsque je vois le **conducteur** me faire signe par la fenêtre que je réalise que ce train est pour moi. Je monte dans le train et trouve mon siège, m'installant pour ce qui promet d'être un long voyage.

Alors que nous sortons de la gare, je ne peux m'empêcher de me demander où ce train va m'emmener. À travers des **champs** verts et des rivières bleues, en passant par des montagnes et des vallées, on ne sait pas où ce vieux train va aller. À la tombée de la nuit, je m'endors **paisiblement**, bercé par le mouvement **rythmique** des wagons sur les rails en contrebas. Quand le matin revient, j'ouvre les yeux

dass wir in einer kleinen Stadt irgendwo im Nirgendwo angekommen sind. Die Sonne lugt gerade über den Horizont, als die Einheimischen beginnen, sich auf der Hauptstraße zu bewegen. Es sieht aus wie jeder andere Tag hier, bis auf eine Ausnahme: In der Nähe des Rathauses hängt ein großes Schild mit der Aufschrift "Willkommen an Bord! Es scheint, als hätte diese kleine Stadt uns erwartet, obwohl wir nur ein gewöhnlicher Personenzug sind, der auf dem Weg zu einem anderen Ziel durchfährt. Als wir die Stadt wieder hinter uns lassen und in Richtung wer weiß wohin tuckern, lächle ich über all die freundlichen Gesichter, die uns aus den kleinen Häusern zwischen den **Feldern** zuwinken - **es ist** wirklich erstaunlich, wie etwas so scheinbar Alltägliches so viel Freude bereiten kann, wenn man einfach durchfährt. Und dann sind da natürlich noch die **Kinder**.

Ich lehne mich aus dem Fenster meiner Lokomotive. Mit ihren leuchtenden Augen und ihrem breiten Grinsen machen sie mich immer so glücklich. Ich winke ihnen energisch zu, bevor ich in mein **Abteil** zurückkehre und mich setze. Es war schon ein langer Tag, aber er ist noch nicht zu Ende; es sind noch ein paar Stunden, bis wir unser endgültiges **Ziel** erreichen. Ich ziehe mein Buch heraus und beginne zu lesen, während mich das rhythmische Schaukeln des Zuges in einen friedlichen Zustand versetzt.

pour constater que nous sommes arrivés dans une petite ville quelque part au milieu de nulle part. Le soleil pointe à peine à l'horizon et les habitants commencent à s'agiter dans la rue principale ; c'est un jour comme les autres ici, à l'exception d'une chose : il y a un grand panneau près de l'hôtel de ville qui dit "Bienvenue à bord". Il semble que cette petite ville nous attendait, même si nous ne sommes qu'un train de **voyageurs** ordinaire qui passe par là pour aller ailleurs. Alors que nous laissons la ville derrière nous une fois de plus, en direction d'on ne sait où, je souris à tous les visages amicaux qui nous saluent depuis ces petites maisons nichées au milieu des **terres agricoles - c**'est vraiment étonnant de voir comment quelque chose d'apparemment si ordinaire peut apporter tant de joie simplement en passant par là. Et puis, bien sûr, il y a les **enfants**.

Je me penche par la fenêtre de ma locomotive. Ils me rendent toujours si heureux avec leurs yeux brillants et leurs grands sourires. Je leur fais un signe de la main énergique avant de retourner dans ma **cabine** et de m'asseoir. La journée a déjà été longue, mais elle n'est pas encore terminée ; il reste encore quelques heures avant d'atteindre notre **destination** finale. Je sors mon livre et commence à lire, laissant le balancement rythmique du train me bercer dans un état paisible.

Fragen zum Verständnis

1. Wohin fährt der Zug?

2. Wer reist mit dem Zug?

3. Wann fährt der Zug ab?

4. Wie kommt der Protagonist in den Zug?

5. Woher kommt der Zug?

6. Wohin fährt der Zug als nächstes?

7. Wann sind die Passagiere angekommen?

8. Wie fühlt sich der Protagonist, als er den Zug verpasst?

9. Wie reagiert der Zugführer, als er den Protagonisten sieht?

10. Warum mag der Protagonist Züge?

Questions de compréhension

1. Où va le train ?

2. Qui voyage dans le train ?

3. Quand le train part-il ?

4. Comment le protagoniste monte-t-il dans le train ?

5. D'où vient le train ?

6. Où le train va-t-il ensuite ?

7. Quand les passagers sont-ils arrivés ?

8. Que ressent le protagoniste lorsqu'il rate le train ?

9. Comment le conducteur du train réagit-il lorsqu'il voit le protagoniste ?

10. Pourquoi le protagoniste aime-t-il les trains ?

Abendessen kochen

Es ist jetzt 17 Uhr und ich gehe von der Arbeit nach Hause. Ich freue **mich** auf einen ruhigen Abend zu Hause mit meinem Partner. Wir werden gemeinsam kochen und uns dann den Rest des Abends entspannen. Es ist ein gutes Gefühl, zu wissen, dass ich heute **Abend** keine Pläne oder Verpflichtungen habe. Als ich zu Hause ankomme, steht mein Partner bereits in der Küche und beginnt mit der Zubereitung unseres Abendessens. Es riecht **fantastisch** hier drin! Während wir kochen, plaudern wir über den Tag des anderen und erzählen uns kleine Geschichten aus unserem Arbeitsleben. Die Küche ist mein Lieblingsraum in unserer Wohnung. Ich liebe es zu kochen, und ganz besonders liebe ich es, mit meinem Partner zu kochen. Wir haben immer so viel Spaß hier drin, lachen und scherzen, während wir kochen. Außerdem ist das Essen immer **unglaublich**, wenn wir **zusammen** arbeiten.

Heute Abend machen wir eines meiner absoluten Lieblingsrezepte: **Hähnchen** Parmesan. Mein Partner beginnt mit dem Panieren des Hähnchens, während ich die Soße auf dem **Herd** zum Kochen bringe. Wir arbeiten zusammen wie eine gut geölte Maschine, und schon bald ist das Abendessen servierfertig. Wir

Cuisiner le dîner

Il est 17 heures et je rentre à pied du travail. J'ai **hâte** de passer une soirée tranquille à la maison avec mon partenaire. Nous allons préparer le dîner ensemble et nous détendre pour le reste de la nuit. C'est agréable de savoir que je n'ai aucun projet ni aucune obligation ce **soir**. J'arrive à la maison et mon partenaire est déjà dans la cuisine, en train de préparer notre dîner. Ça sent **très bon** ici ! Nous bavardons tout en cuisinant, prenant des nouvelles de nos journées respectives et partageant des petites histoires de nos vies professionnelles. La cuisine est ma pièce préférée dans notre appartement. J'adore cuisiner, et j'aime particulièrement cuisiner avec mon partenaire. Nous passons toujours un bon moment ici, à rire et à plaisanter pendant que nous cuisinons. De plus, la nourriture est toujours **incroyable** lorsque nous travaillons **ensemble**.

Ce soir, nous faisons l'une de mes recettes préférées : le **poulet au** parmesan. Mon partenaire commence par paner le poulet pendant que je fais mijoter la sauce sur la **cuisinière**. Nous travaillons ensemble comme une machine bien huilée, et en peu de temps, le dîner est prêt à être servi. Nous nous asseyons à notre petite table de cuisine avec des **assiettes** remplies de poulet

setzen uns an unseren kleinen Küchentisch mit **Tellern voller** Hähnchen Parmesan, Nudeln und Salat. Wir stoßen mit den Gläsern an und nehmen unseren ersten Bissen - und der ist **himmlisch!** Das Hähnchen ist außen knusprig, aber innen saftig; die Soße ist würzig und perfekt; die Nudeln sind al dente gekocht... alles schmeckt heute Abend absolut perfekt. Wir wissen beide, dass dies einer dieser Abende war, an denen alles perfekt zusammenpasst, und wir **genießen** jeden einzelnen Bissen unseres köstlichen Essens. Es hat sogar noch besser geschmeckt, als es gerochen hat - und das war verdammt gut! Wir sind relativ schnell fertig mit dem Essen, da keiner von uns heute besonders hungrig ist, aber wir lassen uns Zeit und genießen noch ein paar **Gläser** Wein, während wir uns über dieses und jenes Thema unterhalten. Nach dem Essen räumen wir schnell zusammen auf und gehen dann ins Wohnzimmer, wo wir noch eine Weile auf der Couch **kuscheln** und fernsehen.

Es ist so schön, sich nach einem langen **Arbeitstag** einfach nur nahe zu sein. Ich fühle mich zufrieden. Auch wenn wir keinen ereignisreichen Abend hatten, war es schön, einfach etwas Zeit miteinander zu verbringen, ohne das Haus verlassen zu müssen. Wir haben uns einen Film angesehen und sind früh ins Bett gegangen, weil wir mit unserem einfachen Abend **zufrieden waren**.

au parmesan, de pâtes et de salade. Nous faisons tinter les verres et prenons notre première bouchée - et c'est **divin** ! Le poulet est croustillant à l'extérieur mais juteux à l'intérieur ; la sauce est savoureuse et parfaite ; les pâtes sont cuites al dente... tout a un goût absolument parfait ce soir. Nous savons tous les deux que c'était l'une de ces nuits où tout s'est parfaitement réuni alors que nous **savourons** chaque bouchée de notre délicieux repas. Le goût était encore meilleur que l'odeur, qui était sacrément bonne ! Nous terminons notre repas assez rapidement car aucun de nous n'a particulièrement faim aujourd'hui, mais nous prenons notre temps en dégustant quelques **verres** de vin supplémentaires tout en discutant légèrement de tel ou tel sujet. Après le dîner, nous nettoyons rapidement ensemble et passons au salon, où nous passons un moment à **nous câliner** sur le canapé en regardant la télévision.

C'est tellement agréable d'être près l'un de l'autre après une longue journée de **travail** séparé. Je me sens satisfaite. Même si la soirée n'a pas été très animée, c'était agréable de passer du temps ensemble sans avoir à quitter la maison. Nous avons regardé un film et nous nous sommes couchés tôt, **satisfaits** de notre simple soirée.

Fragen zum Verständnis

1. Woher kommt der Erzähler?

2. Was macht der Erzähler nach der Arbeit?

3. Was isst der Erzähler zum Abendessen?

4. Warum mag der Erzähler die Küche?

5. Was für ein Gericht kocht das Paar?

6. Wie fühlt sich der Erzähler am Ende des Abends?

7. Was ist die Lieblingsbeschäftigung des Paares?

8. Was tun die beiden, wenn sie müde werden?

9. Wo schlafen sie?

10. Warum bleibt der Erzähler gerne zu Hause?

Questions de compréhension

1. D'où vient le narrateur ?

2. Que fait le narrateur après le travail ?

3. Que mange le narrateur pour le dîner ?

4. Pourquoi le narrateur aime-t-il la cuisine ?

5. Quel genre de plat le couple cuisine-t-il ?

6. Que ressent le narrateur à la fin de la soirée ?

7. Quelle est l'activité préférée du couple ?

8. Que fait le couple quand il est fatigué ?

9. Où dorment-ils ?

10. Pourquoi le narrateur aime-t-il rester à la maison ?

Nach Hause gehen

Es war eine **friedliche** Nacht, als ich von der Arbeit nach Hause ging. Als ich ging, konnte ich nicht anders, als über die Erinnerungen zu lächeln. Es fühlte sich gut an, wieder in meiner alten Nachbarschaft zu sein. Ich winkte ein paar Leuten zu, die ich kannte, und sie winkten zurück. Es war schön, wieder zu Hause zu sein. Ich ging an meiner alten Schule vorbei und **erinnerte mich an** all die guten Zeiten, die ich mit meinen Freunden hatte. Wir gingen immer zusammen nach Hause und sprachen über unseren Tag. **Manchmal hielten** wir an, um ein Eis zu essen oder in den Park zu gehen. Das waren die besten Zeiten. Ich vermisse diese Zeiten. Aber jetzt habe ich meine eigene Familie und bin glücklich mit meinem Leben. Ich bin froh, dass ich auf diese Erinnerungen zurückblicken und lächeln kann. Sie sind ein Teil meines Lebens, den ich immer in Ehren halten werde. Das waren die besten Zeiten. Ich vermisse diese Zeiten. Aber jetzt habe ich meine eigene Familie und bin glücklich mit meinem Leben. Ich bin froh, dass ich auf diese **Erinnerungen** zurückblicken und lächeln kann. Sie sind ein Teil meines Lebens, den ich immer in Ehren halten werde.

Ich gehe weiter und denke an die schöne Zeit, die ich mit meinen Freunden hatte. Ich weiß, dass ich sie bald

Walking Home

C'était une nuit **paisible** alors que je rentrais du travail. En marchant, je ne pouvais m'empêcher de sourire aux souvenirs. C'était bon d'être de retour dans mon ancien quartier. J'ai salué quelques personnes que je connaissais, et elles m'ont salué en retour. C'était bon d'être chez soi. Je suis passé devant mon ancienne école et je **me suis souvenu de** tous les bons moments que j'ai passés avec mes amis. On rentrait toujours ensemble à la maison et on parlait de notre journée. **Parfois,** on s'arrêtait pour acheter une glace ou aller au parc. C'était les meilleurs moments. Ces moments me manquent. Mais maintenant, j'ai ma propre famille et je suis heureuse de ma vie. Je suis heureux de pouvoir repenser à ces souvenirs et de sourire. Ils font partie de ma vie et je les chérirai toujours. C'était les meilleurs moments. Ils me manquent. Mais maintenant, j'ai ma propre famille et je suis heureux de ma vie. Je suis heureux de pouvoir repenser à ces **souvenirs** et de sourire. Ils font partie de ma vie et je les chérirai toujours.

Je continue à marcher, en pensant aux bons moments que j'ai passés avec mes amis. Je sais que je les reverrai bientôt. Je me dirige vers ma maison et décide de me promener dans un parc à proximité. Le soleil se

wiedersehen werde. Ich mache mich auf den Weg nach Hause und beschließe, durch einen nahe gelegenen Park zu gehen. Die Sonne geht gerade unter und der Himmel färbt sich in ein **schönes** Orange. Der Park ist leer, bis auf ein paar Vögel, die in den Bäumen zwitschern. Ich **atme** tief ein und lächle. Als ich durch den Park gehe, sehe ich eine Sternschnuppe über den Himmel huschen. Ich wünsche mir etwas von dieser Sternschnuppe und laufe weiter. Ich denke an meinen Arbeitstag und daran, wie **friedlich** er war. Ich lächle vor mich hin und denke daran, wie viel Glück ich habe, einen so tollen Job zu haben. Ich gehe nach Hause und **spüre** die kühle Nachtluft auf meiner Haut. Ich fühle mich so lebendig und glücklich, weil ich es einfach genieße, in einer friedlichen Nacht nach Hause zu gehen. Ich fühlte mich so gut, dass ich anfing zu **pfeifen**. Ich ging an ein paar Leuten auf der Straße vorbei, aber sie kümmerten sich alle um ihre eigenen Angelegenheiten.

Ich bog um die Ecke in meine Straße und sah den Kater meines Nachbarn, Mr. Whiskers, auf meiner Veranda sitzen. Ich grüßte ihn, und er miaute zurück. Ich **schloss** meine Tür auf und ging hinein. Ich war so froh, zu Hause zu sein. Ich zog meine Schuhe aus und machte mich bettfertig. Ich ging an diesem Abend mit einem Gefühl der Freude und Dankbarkeit ins Bett, mein Herz war voller Liebe. Ich schlief die ganze Nacht durch und machte mir keine Sorgen.

couche et le ciel prend une **belle** couleur orange. Le parc est vide, à l'exception de quelques oiseaux qui gazouillent dans les arbres. Je prends une profonde **inspiration** et je souris. Alors que je marche dans le parc, je vois une étoile filante traverser le ciel. J'ai fait un vœu sur cette étoile et j'ai continué à marcher. Je pense à ma journée de travail et au **calme qui** y régnait. Je souris à moi-même, en pensant à la chance que j'ai d'avoir un si bon travail. Je rentre chez moi, en **sentant l'**air frais de la nuit sur ma peau. Je me sens si vivante et heureuse, profitant du simple fait de rentrer chez moi par une nuit paisible. Je me sentais si bien que j'ai commencé à **siffler**. Je suis passé devant quelques personnes dans la rue, mais elles s'occupaient toutes de leurs affaires.

J'ai tourné le coin de ma rue et j'ai vu le chat de mon voisin, M. Whiskers, assis sur mon porche. Je lui ai dit bonjour et il miaulait en retour. J'ai **déverrouillé** ma porte et je suis entrée. J'étais si heureuse d'être chez moi. J'ai enlevé mes chaussures et me suis préparée pour aller me coucher. Je me suis couchée ce soir-là, heureuse et reconnaissante, le cœur plein d'amour. J'ai dormi profondément toute la nuit, sans me soucier de rien.

Fragen zum Verständnis

1. Was machte der Protagonist, als die Geschichte begann?

2. Woran hat der Protagonist auf dem Heimweg gedacht?

3. Was hat der Protagonist nach der Schule mit seinen Freunden gemacht?

4. Was vermisst der Protagonist aus dieser Zeit?

5. Was denkt der Protagonist über sein gegenwärtiges Leben?

6. Was tut der Protagonist, wenn er eine Sternschnuppe sieht?

7. Wie fühlt sich der Protagonist, wenn er nach Hause geht?

8. Was macht der Protagonist, wenn er nach Hause kommt?

9. Wie fühlt sich der Protagonist, wenn er am nächsten Morgen aufwacht?

Questions de compréhension

1. Que faisait le protagoniste au début de l'histoire ?

2. À quoi le protagoniste a-t-il pensé en rentrant chez lui ?

3. Qu'est-ce que le protagoniste avait l'habitude de faire avec ses amis après l'école ?

4. Qu'est-ce que le protagoniste regrette de cette époque ?

5. Que pense le protagoniste de sa vie actuelle ?

6. Que fait le protagoniste lorsqu'il voit une étoile filante ?

7. Que ressent le protagoniste lorsqu'il rentre à pied chez lui ?

8. Que fait le protagoniste lorsqu'il rentre chez lui ?

9. Que ressent le protagoniste lorsqu'il se réveille le lendemain matin ?

Das Schloss

Die Familie wollte schon immer ein altes Schloss in **Deutschland** besichtigen, und schließlich machten sie sich auf den Weg. Sie wurden nicht **enttäuscht**. Das Schloss war wunderschön, und sie genossen es, die vielen Räume und Gänge zu erkunden. Das erste, was ihnen auffiel, war der Geruch. Sie fanden **Schimmel**, Feuchtigkeit und etwas anderes, das sie nicht genau zuordnen konnten. Das zweite war der Klang. Steinmauern sind zwar dick, aber sie dämpfen den Schall nicht vollständig. Sie hörten jeden Schritt, jedes Wort, das mit normaler Stimme gesprochen wurde, und das gelegentliche Tröpfeln von Wasser **irgendwo** in der Ferne. Als sich ihre Augen an das schwache Licht gewöhnt hatten, sahen sie um sich herum massive Steinwände, an denen Wandteppiche in **Fetzen** hingen. Sie befanden sich in einer riesigen Halle mit einer hohen Decke, die von geschnitzten Säulen getragen wurde. Auch die Aussicht von den Türmen gefiel ihnen, und die Kinder hatten viel Spaß beim Herumtollen auf dem Gelände. Als sie mit der Erkundung des Schlosses fertig waren, ging die **Sonne** bereits unter, und sie bedauerten, dass sie keine **Taschenlampe** mitgenommen hatten. Sie beschlossen, sich auf den Rückweg zum Eingang zu machen, aber sie hatten sich bald verlaufen. Sie irrten gefühlte Stunden umher,

Le château

La famille avait toujours voulu visiter un vieux château en **Allemagne**, et elle a finalement fait le voyage. Ils n'ont pas été **déçus**. Le château était magnifique, et ils ont pris plaisir à explorer ses nombreuses pièces et couloirs. La première chose qui les frappe est l'odeur. Ils ont trouvé de la **moisissure**, de l'humidité et quelque chose d'autre qu'ils n'ont pas réussi à identifier. La deuxième chose a été le son. Les murs de pierre sont épais, mais ils n'étouffent pas complètement le son. Ils ont entendu chaque pas, chaque mot prononcé d'une voix normale, et le goutte-à-goutte occasionnel de l'eau **quelque part** au loin. Lorsque leurs yeux se sont adaptés à la faible lumière, ils ont vu des murs de pierre massifs se dresser tout autour d'eux, des tapisseries en **lambeaux y étant** suspendues. Ils se tenaient dans un immense hall avec un haut plafond soutenu par des piliers sculptés. Ils ont également aimé les vues depuis les tourelles, et les enfants ont eu beaucoup de plaisir à courir dans le parc. Le **soleil** avait commencé à se coucher lorsqu'ils ont fini d'explorer le château, et ils ont regretté de ne pas avoir apporté de **lampe de poche**. Ils ont décidé de retourner à l'entrée, mais ils se sont vite perdus. Ils errent pendant des heures, jusqu'à ce qu'ils trouvent enfin une porte qui mène à l'extérieur. Ils ont continué jusqu'à ce qu'ils **atteignent le** bout du

bis sie schließlich auf eine Tür stießen, die nach draußen führte. Sie gingen weiter, bis sie das Ende des Flurs **erreichten** und vor einer imposanten Doppeltür standen. So sehr sie sich auch bemühten, die Türen rührten sich nicht. Sie klapperten **bedrohlich**, aber sie bewegten sich keinen Zentimeter. Es sah so aus, als ob derjenige, der vorher hier war, hier durchgegangen sein musste und sie von innen verriegelt hatte. Schließlich fanden sie einen Weg nach draußen. Erleichterung überkam sie, als sie in die kühle Nachtluft hinaustraten.

Die Sonne begann unterzugehen, und sie **bedauerten**, dass sie keine Taschenlampe mitgenommen hatten. Sie beschlossen, sich auf den Weg zurück zum Eingang zu machen, aber sie hatten sich bald verlaufen. Sie irrten gefühlte Stunden umher, bis sie schließlich auf eine Tür stießen, die **nach draußen** führte. Erleichterung machte sich in ihnen breit, als sie in die kühle Nachtluft hinaustraten. Am nächsten Abend nahmen sie auf jeden Fall eine Taschenlampe mit, um den Rest des Schlosses zu erkunden. Sie gingen durch den **Innenhof** und hinunter zum Fluss, der hinter den Schlossmauern verlief. Als sie umhergingen, hörten sie seltsame Geräusche. Es klang, als würde sie jemand verfolgen. Sie beschleunigten ihren Schritt, aber die Geräusche wurden lauter und kamen näher. Die Familie rannte so schnell sie konnte zum Schloss zurück und war erleichtert, dass die Gestalt in dem **dunklen** Mantel ihnen nicht gefolgt war.

couloir et arrivent à une imposante série de doubles portes. Ils ont beau essayer, les portes ne bougent pas. Elles cliquettent **sinistrement** mais ne bougent pas d'un pouce. On dirait que celui qui était ici avant a dû passer par là et les verrouiller de l'intérieur. Finalement, ils ont trouvé un moyen de sortir. Le soulagement les envahit alors qu'ils sortent dans l'air frais de la nuit.

Le soleil avait commencé à se coucher, et ils **regrettaient de ne pas avoir** apporté de lampe de poche. Ils ont décidé de retourner à l'entrée, mais ils se sont vite perdus. Ils ont erré pendant ce qui leur a semblé être des heures, jusqu'à ce qu'ils trouvent enfin une porte qui menait à **l'extérieur**. Le soulagement les a envahis alors qu'ils sortaient dans l'air frais de la nuit. Le lendemain soir, ils ont pris soin d'emporter une lampe de poche pour explorer le reste du château. Ils ont traversé la **cour** et sont descendus jusqu'à la rivière qui coulait derrière les murs du **château**. Alors qu'ils se promenaient, ils ont commencé à entendre des bruits étranges. On aurait dit que quelqu'un les suivait. Ils accélèrent le pas, mais les bruits deviennent plus forts et plus proches. Les membres de la famille courent vers le château aussi vite qu'ils le peuvent, et ils sont soulagés de voir que la silhouette au manteau **sombre** ne les a pas suivis.

Fragen zum Verständnis

1. Was hat die Familie getan, als sie sich im Schloss verlaufen hat?

2. Wie hat sich die Familie gefühlt, als sie erfuhr, dass es sich nur um einen Einheimischen handelte?

3. Was hat der Mann getan, dass man ihn verhaftet hat?

4. Wie lautete das Urteil für den Mann?

5. Welches Geräusch hat die Familie gehört, während sie spazieren ging?

6. Wo war die Gestalt in dem dunklen Mantel, als die Familie sie sah?

7. Was hat die Familie getan, als sie in ihr Zimmer zurückkam?

8. Wann hat die Familie das Schloss wieder erkundet?

9. Was war das, was die Familie nicht ausmachen konnte?

10. Was hat die Familie getan, bevor sie das Schloss wieder erkundet hat?

Questions de compréhension

1. Qu'a fait la famille lorsqu'elle s'est perdue dans le château ?

2. Comment la famille s'est-elle sentie quand elle a découvert que c'était juste un homme du coin ?

3. Qu'a fait l'homme qui a été arrêté ?

4. Quelle a été la sentence pour cet homme ?

5. Quel bruit la famille a-t-elle entendu pendant qu'elle marchait ?

6. Où était le personnage au manteau sombre quand la famille l'a vu ?

7. Qu'a fait la famille en rentrant dans sa chambre ?

8. Quand la famille est-elle repartie explorer le château ?

9. Quelle était la chose sur laquelle la famille n'arrivait pas à mettre le doigt ?

10. Qu'a fait la famille avant de retourner explorer le château ?

Mein Garten

Mein Garten ist mein Lieblingsplatz. Ich gehe jeden Tag hinaus, egal ob es regnet oder scheint, und verbringe Zeit damit, meine Pflanzen zu pflegen. Ich habe von **allem ein** bisschen - **Gemüse**, Obst, Blumen, Kräuter. Ich habe sogar ein paar Hühner, die mir helfen, die Schädlinge in Schach zu halten. Ich beginne meine Tage im Garten, indem ich den Hühnern Eier abhole. Dann schaue ich nach meinem Gemüse und stelle sicher, dass es genug Wasser und Sonne bekommt. Ich jäte Unkraut auf den Beeten und entferne Ungeziefer, das die Pflanzen **angreifen** könnte. Wenn **alles erledigt** ist, lehne ich mich zurück und genieße den Frieden und die Ruhe der Natur.

Ich habe schon immer gerne Zeit in meinem Garten verbracht. Es hat etwas, von der Natur und all der **Schönheit**, die sie zu bieten hat, umgeben zu sein. Ich empfinde ihn als einen sehr friedlichen und beruhigenden Ort. Ich verbringe oft Zeit in meinem Garten, um mich zu entspannen und die Landschaft zu genießen. Ich arbeite auch gerne in meinem Garten und baue Dinge an. Ich habe einen ziemlich großen Garten, in dem ich gerne **verschiedene** Dinge anbaue. Ich baue Blumen, **Gemüse** und Kräuter an. Ich habe auch ein paar Obstbäume, die leckere Äpfel, Birnen

Mon jardin

Mon jardin est mon coin de paradis. J'y vais tous les jours, qu'il pleuve ou qu'il vente, et je passe du temps à m'occuper de mes plantes. J'ai un peu de **tout :** **légumes**, fruits, fleurs, herbes. J'ai même quelques poules qui m'aident à tenir les parasites à distance. Je commence mes journées dans le jardin en ramassant les œufs des poules. Puis je vérifie que mes légumes reçoivent suffisamment d'eau et de soleil. Je désherbe les plates-bandes et j'élimine les insectes qui pourraient **attaquer** les plantes. Une fois que **tout est** fait, je m'assois et je profite de la paix et du calme de la nature.

J'ai toujours aimé passer du temps dans mon jardin. Il y a quelque chose dans le fait d'être entouré par la nature et toute la **beauté qu'**elle a à offrir. Je trouve que c'est un endroit très paisible et apaisant. Je passe souvent du temps dans mon jardin à me détendre et à profiter du paysage. J'aime aussi travailler dans mon jardin et faire pousser des choses. J'ai un jardin d'assez bonne taille et j'aime y faire pousser toutes **sortes** de choses. Je fais pousser des fleurs, des **légumes** et des herbes aromatiques. J'ai aussi quelques arbres fruitiers qui produisent de délicieuses pommes, poires et prunes. En plus de faire pousser des choses, j'aime aussi passer du temps à me promener dans mon jardin,

und Pflaumen hervorbringen. Ich baue nicht nur Dinge an, sondern verbringe auch gerne Zeit damit, durch meinen Garten zu spazieren und all die verschiedenen Pflanzen und Tiere zu **bewundern**, die dort zu Hause sind. Im Laufe der Jahre habe ich viele Stunden damit verbracht, meinen **Garten** zu einem Ort zu machen, der nicht nur schön, sondern auch funktional ist. Ich liebe es, den Vögeln beim Herumfliegen zuzusehen und ihnen beim Singen zuzuhören. Manchmal nehme ich sogar ein Buch mit und lese im Garten, während ich von all der Schönheit umgeben bin, die ich geschaffen habe. **Gartenarbeit** ist meine Leidenschaft und bringt mir so viel Freude. Jeder Tag in meinem Garten ist ein guter Tag.

Eine meiner Lieblingsbeschäftigungen ist das Kochen, daher ist ein gut bestückter Kräutergarten für mich sehr **wichtig**. Thymian, Basilikum, Oregano, Rosmarin, Salbei und Lavendel sind nur einige der Kräuter, die ich gerne in meinem Garten anbaue, damit ich sie beim Kochen für mich oder für **Gäste** verwenden kann. Ein weiterer wichtiger Punkt in meinem Garten ist, dass er viel Farbe hat. Um dieses Ziel zu erreichen, baue ich eine Vielzahl von Blumen an, darunter **Rosen**, Lilien, Gänseblümchen, Tulpen, Impatiens, Ringelblumen, usw. Zusätzlich zu den Blumen, die für Farbe sorgen, verwende ich auch gerne verschiedene **Texturen** im Garten, um ihn interessanter zu gestalten.

à **admirer** toutes les plantes et tous les animaux qui y vivent. J'ai passé de nombreuses heures au fil des ans à faire de mon **jardin** un endroit non seulement beau mais aussi fonctionnel. J'aime regarder les oiseaux voltiger et les écouter chanter. Parfois, je sors même un livre et je lis dans le jardin, entourée de toute la beauté que j'ai créée. Le **jardinage** est ma passion et il m'apporte tant de joie. Chaque jour dans mon jardin est un bon jour.

L'une des choses que j'aime faire, c'est cuisiner. Il est donc très **important pour moi d'**avoir un jardin d'herbes aromatiques bien garni. Le thym, le basilic, l'origan, le romarin, la sauge et la lavande sont quelques-unes des herbes que j'aime faire pousser dans mon jardin pour pouvoir les utiliser lorsque je prépare des repas pour moi ou pour mes **invités**. Une autre chose qui est importante pour moi quand il s'agit de mon jardin, c'est de m'assurer qu'il y a beaucoup de couleurs dans tout le jardin. Pour atteindre cet objectif, je cultive une grande variété de fleurs, notamment des **roses**, des lys, des marguerites, des tulipes, des impatiens, des soucis, etc. En plus d'ajouter de la couleur avec les fleurs, j'aime aussi ajouter de l'intérêt en utilisant différentes **textures** dans le jardin.

Fragen zum Verständnis

1. Wo befindet sich der Garten des Autors?

2. Wie viele Hühner hat der Autor?

3. Was macht der Autor jeden Tag im Garten?

4. Warum gefällt dem Autor der Garten?

5. Welche Kräuter pflanzt der Autor in seinem Garten an?

6. Warum ist es für den Autor wichtig, dass es in seinem Garten viele Farben gibt?

7. Wie bringt der Autor Abwechslung in seinen Garten?

8. Wie fühlt sich der Autor, wenn er in seinem Garten arbeitet?

9. Wodurch fühlt sich der Autor verbunden, wenn er in seinem Garten ist?

10. Warum ist jeder Tag im Garten des Autors ein guter Tag?

Questions de compréhension

1. Où se trouve le jardin de l'auteur ?

2. Combien de poulets l'auteur possède-t-il ?

3. Que fait l'auteur dans le jardin tous les jours ?

4. Pourquoi l'auteur aime-t-il le jardin ?

5. Quelles herbes l'auteur plante-t-il dans le jardin ?

6. Pourquoi est-il important pour l'auteur qu'il y ait beaucoup de couleurs dans son jardin ?

7. Comment l'auteur apporte-t-il de la variété à son jardin?

8. Que ressent l'auteur lorsqu'il travaille dans son jardin?

9. Qu'est-ce qui fait que l'auteur se sent connecté quand il est dans son jardin ?

10. Pourquoi chaque jour dans le jardin de l'auteur est-il un bon jour ?

Einkaufen gehen

Ich gehe gerne im Einkaufszentrum einkaufen. Es macht immer so viel Spaß, herumzulaufen und sich all die verschiedenen Geschäfte anzuschauen. Im Einkaufszentrum ist für jeden etwas dabei, und es ist immer ein guter Ort, um Angebote für Kleidung, Schuhe und Accessoires zu finden. **Normalerweise** beginne ich meinen Einkaufsbummel, indem ich durch den **Haupteingang** des Einkaufszentrums gehe. Von dort aus gehe ich zuerst zu meinen Lieblingsgeschäften. Nachdem ich in diesen Geschäften gestöbert habe, laufe ich herum und schaue, ob es in anderen Geschäften Sonderangebote gibt. Normalerweise verbringe ich ein paar Stunden im Einkaufszentrum, bevor ich meine Einkäufe erledige. Ich nehme mir beim Einkaufen immer gerne Zeit**, weil** ich sichergehen will, dass ich **genau** das bekomme, was ich will. Außerdem macht es auf diese Weise einfach mehr Spaß!

Ich finde es immer **faszinierend**, die Leute zu beobachten, wenn ich im Einkaufszentrum bin. An der Art und Weise, wie sie einkaufen, kann man wirklich viel über eine Person erkennen. Manche Leute gehen sehr methodisch vor und lassen sich Zeit, während andere einfach **alles zu** nehmen scheinen**, was sie kriegen** können, und so schnell wie möglich zur Kasse

Faire du shopping

J'adore aller **faire du shopping** au centre commercial. C'est toujours très amusant de se promener et de regarder tous les différents magasins. Il y en a pour tous les goûts au centre commercial et c'est toujours l'endroit idéal pour faire des affaires sur les vêtements, les chaussures et les accessoires. Je commence **généralement** mon shopping en passant par l'**entrée** principale du centre commercial. De là, je me dirige d'abord vers mes magasins préférés. Après avoir fait le tour de ces magasins, je me promène pour voir s'il y a des soldes dans d'autres endroits. Je finis généralement par passer quelques heures dans le centre commercial avant de faire mes achats. J'aime toujours prendre mon temps lorsque je fais du shopping, **car** je veux être sûre d'obtenir **exactement** ce que je veux. En plus, c'est plus amusant comme ça !

Je trouve toujours **fascinant** d'observer les gens quand je suis au centre commercial. On peut vraiment en apprendre beaucoup sur une personne par sa façon de faire ses courses. Certaines personnes sont très méthodiques et prennent leur temps, tandis que d'autres semblent prendre **tout ce qu'**elles peuvent et se diriger vers la caisse aussi vite que possible. Il y a aussi les acheteurs qui semblent plus intéressés

gehen. Es gibt auch Leute, die mehr daran interessiert sind, mit ihrem Handy zu telefonieren oder SMS zu schreiben, als sich die Waren anzusehen! Aber egal, welche Art von Käufer man ist, jeder scheint einen Schaufensterbummel zu genießen - auch wenn man nichts kauft. Der Anblick all der schönen Dinge in den **Schaufenstern** macht mich einfach glücklich. Manchmal stelle ich mir vor, wie es wäre, wenn ich mir **alles, was** ich sehe, leisten könnte! Alles in allem ist ein Einkaufstag im Einkaufszentrum eine meiner Lieblingsbeschäftigungen. Es ist eine tolle Möglichkeit, sich zu entspannen und zu relaxen und sich dabei auch noch ein bisschen zu bewegen (wenn man genug läuft). Außerdem ist es **immer** schön, sich hin und wieder ein neues Hemd oder ein Paar Schuhe zu gönnen!

Ich hatte einen **langen** Arbeitstag und endlich etwas Zeit für mich, also beschloss ich, im Einkaufszentrum einkaufen zu gehen. Ich brauchte ein paar neue Kleider für die **kommende** Saison. Sobald ich das Einkaufszentrum betrat, sah ich all die hellen Lichter und die glänzenden Schaufensterfronten. Ich ging zuerst in mein Lieblingsgeschäft und stöberte durch die Regale. Ich fand ein paar schöne Oberteile und probierte sie in der Umkleidekabine an. Als ich mich im Spiegel betrachtete, hörte ich, wie jemand in die Umkleidekabine neben mir kam. Ich erkannte die Stimme als eine meiner Kolleginnen.

à parler au téléphone portable ou à envoyer des SMS qu'à regarder la marchandise ! Quel que soit le type d'acheteur, tout le monde semble apprécier le lèche-vitrine, même si vous n'achetez rien. Il y a quelque chose qui me rend heureuse dans le fait de regarder toutes ces jolies choses dans les **vitrines des magasins**. Parfois, je m'imagine comment ce serait si je pouvais m'offrir **tout ce que** je vois ! En fin de compte, passer une journée à faire du shopping au centre commercial est l'un de mes passe-temps favoris. C'est un excellent moyen de se détendre et de se relaxer tout en faisant un peu d'exercice (si vous marchez suffisamment). Et puis, c'est **toujours** agréable de s'offrir une nouvelle chemise ou une nouvelle paire de chaussures de temps en temps !

J'ai eu une **longue** journée de travail et j'ai enfin eu du temps pour moi, alors j'ai décidé d'aller faire du shopping au centre commercial. J'avais besoin de nouveaux vêtements pour la saison **à venir**. Dès que je suis entrée, j'ai vu toutes les lumières vives et les façades brillantes des magasins. Je me suis dirigée vers mon magasin préféré en premier et j'ai commencé à parcourir les rayons. J'ai trouvé quelques jolis hauts et les ai essayés dans la cabine d'essayage. Alors que je me regardais dans le miroir, j'ai entendu quelqu'un entrer dans la cabine d'**essayage** à côté de la mienne. J'ai reconnu sa voix comme étant celle d'un de mes collègues de travail.

Fragen zum Verständnis

1. Wo lagern Sie am liebsten?

2. Welches ist Ihr Lieblingsgeschäft im Einkaufszentrum?

3. Wie lange bleiben Sie normalerweise im Einkaufszentrum?

4. Was denken Sie über Menschen, die viel Zeit im Einkaufszentrum verbringen?

5. Was machst du am liebsten in einem Einkaufszentrum?

6. Haben Sie schon einmal etwas im Einkaufszentrum gekauft, obwohl Sie es nicht wirklich brauchten?

7. Wie reagieren Sie, wenn Sie im Einkaufszentrum etwas sehen, das Ihnen wirklich gefallen würde, aber zu teuer ist?

8. Haben Sie schon einmal etwas im Einkaufszentrum gesehen und sich gefragt, wer es wohl kaufen würde?

9. Was halten Sie von Leuten, die im Einkaufszentrum mit ihren Handys beschäftigt sind, anstatt sich die Geschäfte anzusehen?

Questions de compréhension

1. Où aimez-vous le plus stocker ?

2. Quel est votre magasin préféré dans le centre commercial ?

3. Combien de temps restez-vous habituellement au centre commercial ?

4. Que pensez-vous des personnes qui passent beaucoup de temps au centre commercial ?

5. Quelle est votre activité préférée au centre commercial ?

6. Avez-vous déjà acheté quelque chose au centre commercial alors que vous n'en aviez pas vraiment besoin ?

7. Comment réagissez-vous lorsque vous voyez au centre commercial un article que vous aimeriez vraiment, mais qui est trop cher ?

8. Avez-vous déjà vu quelque chose au centre commercial en vous demandant qui l'achèterait ?

9. Que pensez-vous des personnes qui sont occupées avec leur téléphone portable dans les centres commerciaux au lieu de regarder les magasins ?

Auf dem Markt

Am Samstagmorgen wache ich früh auf und will unbedingt auf den **Markt**, bevor es zu voll wird. Ich ziehe mir etwas an und gehe zur Tür hinaus, wobei ich unterwegs meine wiederverwendbaren Taschen mitnehme. Auf dem Weg dorthin überlege ich, was ich in der kommenden Woche zubereiten möchte. Ich weiß, dass ich mindestens einmal Gemüse **braten** will, also muss ich gutes Gemüse kaufen. Außerdem möchte ich eine Suppe oder einen Eintopf kochen, also muss ich auch etwas Fleisch kaufen. Ich muss sehen, was gut aussieht, wenn ich dort bin. Der Markt ist nur ein paar Häuserblocks entfernt, und ich sehe schon die aufgebauten Stände und die **Menschen, die** sich dort tummeln.

Ich komme auf dem Markt an und steuere direkt auf den Gemüsestand zu. Die Auswahl ist großartig, und ich fülle meine Taschen mit einer Vielzahl von **frischen** Produkten. Ich unterhalte mich ein wenig mit dem Landwirt, und er empfiehlt mir einige Rezepte. Ich bin gespannt darauf, sie auszuprobieren. Beim Einkaufen plaudere ich mit den **Landwirten** und lerne sie und ihre Produkte kennen. Nachdem ich alles Gemüse eingekauft habe, was ich brauche, gehe ich zur Fleischabteilung. Hier bin ich etwas zögerlicher,

Au marché

Je me réveille tôt le samedi matin, impatiente de me rendre au **marché** avant qu'il ne soit trop fréquenté. Je m'habille et je sors, en prenant mes sacs réutilisables en chemin. En marchant, je commence à planifier ce que je veux faire pour la semaine à venir. Je sais que je veux faire **rôtir des** légumes au moins une fois, donc je vais devoir acheter des légumes de bonne qualité. Je veux aussi faire une soupe ou un ragoût, et je vais donc devoir acheter de la viande. Je verrai bien ce qui me semble bon quand je serai sur place. Le marché n'est qu'à quelques rues d'ici, et je vois déjà les étals installés et les **gens qui** s'agitent.

J'arrive au marché et me dirige directement vers le stand des légumes. La sélection est magnifique, et je remplis mes sacs d'une variété de produits **frais**. Je discute un peu avec le fermier et il me recommande quelques recettes. J'ai hâte de les essayer. Je discute avec les **agriculteurs** pendant que je fais mes courses, pour apprendre à les connaître et à connaître leurs produits. Après avoir acheté tous les légumes dont j'ai besoin, je passe à la section des viandes. Je suis un peu plus hésitante, car je ne suis pas sûre de ce que je veux acheter. J'opte finalement pour du poulet, car il est polyvalent et peut être utilisé dans de nombreux plats. J'achète également quelques morceaux de

da ich mir nicht sicher bin, was ich kaufen möchte. Schließlich entscheide ich mich für Hühnerfleisch, weil es vielseitig ist und für eine Vielzahl von Gerichten verwendet werden kann. Ich kaufe auch verschiedene Fleischsorten, wobei ich darauf achte, dass ich Rindfleisch aus Weidehaltung und **Huhn** aus Freilandhaltung kaufe. Der Metzger war ein freundlicher Mann, der trotz seiner langen Arbeitszeiten immer gut gelaunt war. Er wickelte meine Hühnerbrust und mein Steak ein und plauderte mit mir über seine Pläne fürs Wochenende. Ich verabschiedete mich von ihm und setzte meinen Weg fort. Ich kaufte auch noch ein paar Eier und Käse aus der Molkereiabteilung.

Auf dem Markt herrschte reges Treiben, und alle wollten die frischen Produkte und das Fleisch, die angeboten wurden, kaufen. Die Luft war dick mit dem Geruch von Knoblauch und Zwiebeln, und das Lachen und die Gespräche erfüllten die Luft. Ich bahnte mir einen Weg durch die Menge und suchte mir die anderen Artikel für meinen Wocheneinkauf aus. Ich füllte meinen **Korb** mit Obst und Gemüse, Nudeln und Brot, bevor ich mich auf den Weg zur Kasse machte. Die Schlange war lang, aber sie bewegte sich schnell. Schließlich waren die letzten **Lebensmittel** eingekauft, und es war Zeit, nach Hause zu fahren. Das Auto wurde beladen, und die Fahrt nach Hause war lang und mühsam. Der Verkehr war dicht, und die Hitze war drückend. Endlich fuhr das Auto in die Einfahrt, und die Erleichterung war spürbar.

viande différents, en veillant à prendre du bœuf nourri à l'herbe et du **poulet** élevé en plein air. Le boucher est un homme sympathique, toujours de bonne humeur malgré ses longues heures de travail. Il a emballé mes blancs de poulet et mon steak avant de me parler de ses projets pour le week-end. Je lui ai dit au revoir et j'ai continué mon chemin. J'ai également acheté des œufs et du fromage au rayon produits laitiers.

Le marché grouille de gens, tous impatients de mettre la **main sur les** produits frais et la viande proposés. L'odeur de l'ail et des oignons flottait dans l'air, et le son des rires et des conversations était omniprésent. Je me suis frayé un chemin dans la foule, en choisissant les autres articles dont j'avais besoin pour mes courses de la semaine. J'ai rempli mon **panier** de fruits et légumes, de pâtes et de pain, avant de me diriger vers la caisse. La file d'attente est longue, mais elle avance rapidement. Enfin, j'ai acheté les dernières **provisions et il est** temps de rentrer à la maison. La voiture est chargée, et le chemin du retour est long et fastidieux. La circulation est dense et la chaleur est accablante. Enfin, la voiture se gare dans l'allée et le soulagement est palpable.

Fragen zum Verständnis

1. Wohin geht die Person?

2. Was möchte die Person kaufen?

3. Wie viele Taschen hat die Person?

4. Wie weit ist der Markt entfernt?

5. Was macht die Person im Moment?

6. Was ist alles auf dem Markt?

7. Wie viele Personen befinden sich auf dem Markt?

8. Wie lange hat die Person gebraucht, um alles zu kaufen?

9. Wie ist die Person nach Hause gegangen?

10. Was hat die Person getan, als sie nach Hause kam?

Questions de compréhension

1. Où va la personne ?

2. Que veut acheter la personne ?

3. Combien de sacs la personne possède-t-elle ?

4. A quelle distance se trouve le marché ?

5. Que fait la personne en ce moment ?

6. Que se passe-t-il sur le marché ?

7. Combien y a-t-il de personnes sur le marché ?

8. Combien de temps a-t-il fallu à la personne pour tout acheter ?

9. Comment la personne est-elle rentrée chez elle ?

10. Qu'a fait la personne en rentrant chez elle ?

In einem Cafe

Es war ein kühler Herbstmorgen, und ich hatte mich mit meiner Freundin Lily in unserem Lieblingscafé auf einen Kaffee verabredet. Ich wickelte mich warm in meinen Mantel und meinen Schal ein und machte mich auf den Weg. Die Blätter fielen von den Bäumen, und die Luft war etwas frisch, aber die Sonne schien, und es versprach, ein schöner Tag zu werden. Während ich ging, **dachte ich** darüber nach, wie gut es war, eine Freundin wie Lily zu haben. Wir waren seit Jahren befreundet, seit wir uns an der **Universität** kennen gelernt hatten. Uns verband die Liebe zum Kaffee und zum Plaudern in Cafés. Obwohl wir inzwischen in verschiedenen Stadtteilen wohnten, trafen wir uns immer noch einmal in der Woche auf einen Kaffee. Als ich im Café ankam, war Lily schon da und wartete auf mich. Wir umarmten uns zur Begrüßung und bestellten unsere Kaffees. Wir suchten uns einen Tisch am Fenster und setzten uns, um zu plaudern. Der **Kaffee** war wie immer köstlich, und es war so schön, sich mit Lily zu unterhalten. Wir sprachen über unsere Woche, unsere Jobs und unsere Pläne für die Zukunft. Es war immer so einfach, mit Lily zu reden, und ich hatte das Gefühl, dass ich ihr alles sagen konnte. Nach einer Weile wurden wir hungrig und **beschlossen,** etwas zu essen zu bestellen.

Dans un café

C'était un matin d'**automne** frisquet, et j'avais donné rendez-vous à mon amie Lily dans notre café préféré pour prendre un café. Je me suis enveloppée chaudement dans mon manteau et mon écharpe et je suis partie. Les feuilles tombaient des arbres et l'air était glacial, mais le soleil brillait et la journée promettait d'être magnifique. Tout en marchant, j'ai **pensé** à quel point c'était bien d'avoir une amie comme Lily. Nous étions amies depuis des années, depuis notre rencontre à l'**université**. Nous nous sommes liées par notre amour du café et du temps passé à discuter dans les cafés. Même si nous vivions dans des quartiers différents de la ville, nous nous retrouvions pour prendre un café une fois par semaine. Je suis arrivé au café, et Lily était déjà là, à m'attendre. Nous nous sommes embrassées et avons commandé nos cafés. Nous avons trouvé une table près de la fenêtre et nous nous sommes installées pour discuter. Le **café** était délicieux, comme toujours, et c'était si agréable de rattraper le temps perdu avec Lily. Nous avons parlé de notre semaine, de nos emplois et de nos projets pour l'avenir. C'était toujours si facile de parler à Lily, et j'avais l'impression que je pouvais tout lui dire. Après un moment, nous avons commencé à avoir faim et **avons décidé** de commander de la nourriture.

Wir **bestellten** unser Essen und suchten uns einen Platz am Fenster. Die Sonne schien durch das Fenster herein und verlieh allem eine warme und fröhliche Atmosphäre. Wir unterhielten uns, während wir aßen, und genossen das einfache Vergnügen, in der **Gesellschaft** des anderen zu sein. Das Café war gut besucht, aber es fühlte sich nicht überfüllt an. Es lag ein Gefühl von Frieden und Zufriedenheit in der Luft. Als wir mit dem Essen fertig waren, saßen wir noch eine Weile und genossen die friedliche **Atmosphäre**. Wir unterhielten uns noch eine Weile über verschiedene Dinge, die in unserem Leben passiert waren. Es war so schön, sich mit meiner Freundin auszutauschen und einfach **zu entspannen**. Die Sonne schien durch das Fenster, und wir hatten das Gefühl, dass **nichts** unseren perfekten Tag stören konnte.

Plötzlich hörte ich ein lautes Krachen. Ich drehte mich um und sah, dass ein Mann durch die Decke gefallen war und vor uns auf dem Boden lag. Er war mit Staub und Trümmern **bedeckt** und schien bewusstlos zu sein. Mein Freund und ich standen beide unter Schock und starrten auf den Mann, der auf dem Boden lag. Wir wussten nicht, was wir tun oder wen wir um Hilfe bitten sollten. Wir saßen einfach da und starrten ihn an, ohne zu wissen, was wir tun sollten. Nach ein paar Minuten riss ich mich zusammen und rief 911 an. Die Telefonistin sagte mir, dass bald jemand da sein würde.

Nous avons **commandé notre** nourriture et trouvé un siège près de la fenêtre. Le soleil brillait à travers la fenêtre, rendant le tout chaleureux et joyeux. Nous avons bavardé en mangeant, appréciant le simple plaisir d'être en **compagnie de l'autre**. Le café était occupé, mais il n'y avait pas de foule. Il y avait un sentiment de paix et de satisfaction dans l'air. Après avoir terminé notre repas, nous sommes restés assis un moment de plus, profitant de l'**atmosphère** paisible. Nous avons parlé pendant un moment de différentes choses qui avaient eu lieu dans nos vies. C'était si agréable de rattraper le temps perdu avec mon ami et de **se détendre**. Le soleil brillait à travers la fenêtre, et c'était comme si **rien ne** pouvait gâcher notre journée parfaite.

Soudain, j'ai entendu un grand fracas. Je me suis retourné pour voir qu'un homme avait traversé le plafond et gisait sur le sol devant nous. Il était **couvert** de poussière et de débris et semblait être inconscient. Mon ami et moi étions tous deux sous le choc en regardant l'homme allongé sur le sol. Nous ne savions pas quoi faire ni qui appeler à l'aide. Nous sommes restés assis là, à le regarder, sans savoir quoi faire. Après quelques minutes, je me suis ressaisie et j'ai appelé le 911. L'opérateur m'a dit que quelqu'un arriverait bientôt.

Fragen zum Verständnis

1. Woher kommt der Mann, der durch das Dach fällt?

2. Warum ist die Frau mit ihrer Freundin im Café?

3. Welches ist das Lieblingscafé der beiden Freunde?

4. Wie lange kennen sich die beiden Freunde schon?

5. Was ist das Lieblingsgetränk der beiden Freunde?

6. In welcher Stadt leben die beiden Freunde?

7. Wie oft treffen sich die beiden Freunde?

8. Worüber sprechen die beiden Freunde, als sie sich zum ersten Mal in ihrem Lieblingscafé treffen?

9. Was ist das Lieblingsessen der beiden Freunde?

10. Warum ist es so einfach, mit Lily zu sprechen?

Questions de compréhension

1. D'où vient l'homme qui tombe à travers le toit ?

2. Pourquoi la femme est-elle avec son ami dans le café ?

3. Quel est le café préféré des deux amis ?

4. Depuis combien de temps les deux amis se connaissent-ils ?

5. Quelle est la boisson préférée des deux amis ?

6. Dans quelle ville vivent les deux amis ?

7. Combien de fois les deux amis se rencontrent-ils ?

8. De quoi parlent les deux amis lorsqu'ils se rencontrent pour la première fois dans leur café préféré ?

9. Quel est le plat préféré des deux amis ?

10. Pourquoi c'est si facile de parler à Lily ?

Schwimmen gehen

Der Pool war immer ein **erfrischender** Ort, und heute war es nicht anders. Die Sonne schien und das Wasser sah einladend aus. Ich holte tief Luft, tauchte ein und spürte die kühle Umarmung des Wassers. Ich schwamm eine Weile meine Runden, genoss die Bewegung und die Möglichkeit, den Kopf frei zu bekommen. Nach einer Weile stieg ich aus dem Wasser und trocknete mich ab, dann setzte ich mich auf ein Handtuch, um mich in der Sonne zu entspannen. Ich schloss die Augen und ließ die **Wärme** über mich ergehen, während sich meine Muskeln zu entspannen begannen. Plötzlich hörte ich ein Plätschern und öffnete die Augen, um meine kleine Schwester zu sehen, **die** im flachen Wasser herumplanschte. Ich lächelte und sah ihr eine Weile zu, dann stand ich auf und ging zu ihr hinüber. Wir unterhielten uns eine Weile, paddelten zusammen und genossen die Gesellschaft des anderen. Bald gesellten sich unsere Eltern zu uns, und wir verbrachten den Rest des Nachmittags mit Schwimmen und gemeinsamen Spielen. Es war immer schön, Zeit mit der Familie im Schwimmbad zu verbringen. **Der** Aufenthalt im Wasser scheint die Menschen zusammenzubringen. Vielleicht liegt es daran, dass wir alle gleich sind, wenn wir im Wasser sind - wir können unsere Schwächen nicht verstecken

Aller nager

La piscine était toujours un endroit **rafraîchissant**, et aujourd'hui n'était pas différent. Le soleil brillait et l'eau semblait invitante. J'ai pris une profonde inspiration et j'ai plongé, sentant l'étreinte fraîche de l'eau. J'ai fait des longueurs pendant un moment, appréciant l'exercice et la possibilité de me vider la tête. Au bout d'un moment, je suis sorti et me suis séché, puis je me suis assis sur une serviette pour me détendre au soleil. J'ai fermé les yeux et laissé la **chaleur** m'envahir, sentant mes muscles se détendre. Soudain, j'ai entendu une éclaboussure et j'ai ouvert les yeux pour voir ma petite sœur **pagayer dans la** partie peu profonde. J'ai souri et je l'ai regardée pendant un moment, puis je me suis levée et je suis allée vers elle. Nous avons bavardé un peu et pataugé ensemble, appréciant la compagnie de l'autre. Nos parents nous ont bientôt rejoints et nous avons passé le reste de l'après-midi à nager et à jouer ensemble. C'était toujours très agréable de passer du temps avec la famille à la piscine. Il y a **quelque chose** dans le fait d'être dans l'eau qui semble rassembler les gens. Peut-être est-ce parce que nous sommes tous égaux lorsque nous sommes dans l'eau - nous ne pouvons pas cacher nos défauts ou prétendre être ce que nous ne sommes pas. Ou peut-être est-ce simplement parce que c'est amusant ! **Quelle que**

oder vorgeben, etwas zu sein, was wir nicht sind. Oder vielleicht liegt es einfach daran, dass es Spaß macht! **Was auch immer** der Grund ist, ich war einfach froh, dass wir alle zusammenkommen und die Gesellschaft des anderen an einem so besonderen Ort genießen konnten.

Die Sonne brannte auf meine Haut und der Geruch von Chlor lag in der Luft. Ich hörte das Lachen der Kinder, die im Pool planschten. Ich lag auf einem Liegestuhl neben dem Pool, genoss die Sonne und **den** Tag. Ich hatte meine Augen geschlossen und wollte gerade einschlafen, als ich hörte, wie jemand auf mich zukam. Ich öffnete meine Augen und sah eine Frau neben mir stehen. Sie trug einen Bikini und hatte sich ein Handtuch um die Taille geschlungen. Sie hatte langes blondes Haar und blaue Augen. In der Hand hielt sie ein Fläschchen mit **Sonnenschutzmittel**. "Stört es Sie, wenn ich Ihnen den Rücken mit Sonnencreme einschmiere?", fragte sie. "Nein, das ist in Ordnung", sagte ich und setzte mich auf, damit sie meinen Rücken erreichen konnte. Ich spürte ihre Hände auf meiner Haut, als sie die Sonnencreme auftrug.

soit la raison, j'étais simplement heureuse que nous puissions tous nous réunir et profiter de la compagnie des autres dans un endroit aussi spécial.

Le soleil tapait sur ma peau et l'odeur du chlore flottait dans l'air. J'entendais le bruit des enfants qui riaient et barbotaient dans la piscine. J'étais allongée sur une chaise **longue près de la** piscine, profitant du soleil et **de la** journée. J'avais les yeux fermés et j'étais sur le point de m'endormir lorsque j'ai entendu quelqu'un s'approcher de moi. J'ai ouvert les yeux et j'ai vu une femme debout à côté de moi. Elle portait un bikini et avait une serviette enroulée autour de sa taille. Elle avait de longs cheveux blonds et des yeux bleus. Elle tenait une bouteille de **crème solaire** dans sa main. "Ça te dérange si je mets de la crème solaire sur ton dos ?" a-t-elle demandé. "Non, ça va", ai-je répondu, en me redressant pour qu'elle puisse atteindre mon dos. J'ai senti ses mains sur ma peau alors qu'elle appliquait la crème solaire.

Fragen zum Verständnis

1. Wo war der Erzähler, als er die Geschichte begann?

2. Was riecht der Erzähler, wenn er seine Augen öffnet?

3. Was hört der Erzähler, als er seine Augen öffnet?

4. Wem gehört die Sonnencreme, die die Frau dem Erzähler gibt?

5. Wovon träumt der Erzähler?

6. Warum ist das Schwimmen im Meer für den Erzähler so besonders?

7 Wie fühlt sich das Wasser an, in dem der Erzähler schwimmt?

8. Was sieht der Erzähler, als er aus dem Wasser kommt?

9. Was tut die Frau, nachdem sie den Erzähler mit Sonnencreme eingecremt hat?

10. Worüber sprechen der Erzähler und die Frau am Ende der Geschichte?

Questions de compréhension

1. Où se trouvait le narrateur lorsqu'il a commencé l'histoire ?

2. Que sent le narrateur lorsqu'il ouvre les yeux ?

3. Qu'entend le narrateur lorsqu'il ouvre les yeux ?

4. A qui la femme donne-t-elle de la crème solaire au narrateur ?

5. De quoi le narrateur rêve-t-il ?

6. Pourquoi la baignade dans la mer est-elle si spéciale pour le narrateur ?

7. quelle est la sensation de l'eau dans laquelle nage le narrateur ?

8. Que voit le narrateur quand il sort de l'eau ?

9. Que fait la femme après avoir mis la crème solaire sur le narrateur ?

10. De quoi le narrateur et la femme parlent-ils à la fin de l'histoire ?

Mähen des Rasens

Es ist 10 Uhr morgens an einem **Sommersamstag**, und die Sonne brennt bereits erbarmungslos auf die Erde. Sie stapfen in die Garage, um den Rasenmäher zu holen, und haben das Gefühl, dass Sie zu harter Arbeit **verurteilt werden**. Du fängst an, den Rasen zu mähen, wobei du darauf achtest, dass du schön langsam vorgehst, damit du keine Stelle übersiehst. Während du mähst, denkst du daran, wie gut es sich anfühlt, draußen an der frischen Luft zu sein. Als du den Rasenmäher hin und her schiebst, siehst du aus dem **Augenwinkel** deinen Nachbarn. Sie winken und grüßen, und er winkt zurück.

Nach ein paar Minuten sind Sie fertig und gehen zum Haus Ihres Nachbarn, um mit ihm im Vorgarten ein Bier zu trinken. Es ist ein **perfekter** Tag - nicht zu heiß, und es weht eine leichte Brise. Sie sitzen im Schatten des Baumes, nippen an Ihrem Bier und unterhalten sich mit Ihrem Nachbarn. Es sind Tage wie dieser, an denen man den Sommer zu schätzen weiß. Dann **gehen Sie** ins Haus, um ein wohlverdientes Bier zu trinken. Sie lassen sich in einen Stuhl auf der Veranda fallen, öffnen die Dose und lassen einen zufriedenen Seufzer los. Das Geräusch des Rasenmähers tritt in den Hintergrund, während du dich im Schatten

Tonte de la pelouse

Il est 10 heures du matin, un **samedi d'**été, et le soleil tape déjà sans pitié. Vous vous frayez un chemin jusqu'au garage pour aller chercher la tondeuse à gazon, avec l'impression d'être **condamné** aux travaux forcés. Vous commencez à tondre la pelouse, en veillant à aller doucement pour ne pas manquer d'endroits. Pendant que vous tondez, vous pensez à tout le bien que cela fait d'être dehors à l'air frais. Alors que vous commencez à pousser la tondeuse d'avant en arrière sur la pelouse, vous apercevez votre voisin du coin de l'œil. Vous lui faites signe et lui dites bonjour, et il vous répond.

Après quelques minutes, vous avez terminé, et vous vous rendez chez votre voisin pour prendre une bière avec lui dans le jardin de devant. C'est une journée **parfaite**, il ne fait pas trop chaud et une légère brise souffle. Vous êtes assis à l'ombre de l'arbre, sirotant votre bière et discutant avec votre voisin. Ce sont des jours comme celui-ci qui vous font apprécier l'été. Puis vous rentrez à l'intérieur pour prendre une bière bien méritée. Vous vous installez sur une chaise sous le porche et ouvrez la canette, en poussant un soupir de satisfaction. Le bruit de la tondeuse s'estompe et vous vous détendez à l'ombre, profitant de la **tranquillité**

entspannst und die **Ruhe** des Augenblicks genießt. Das Bier schmeckt besonders gut nach all der harten Arbeit in der Hitze. Ich wollte gerade ins Haus gehen, als ich nebenan ein Geräusch hörte.

Es **hörte sich an**, als ob jemand weinen würde. Ich hörte auf zu mähen und ging zu dem Zaun, der unsere Gärten trennte. Ich spähte hinüber und sah meine Nachbarin, Mrs. Johnson, weinend auf ihrer Verandaschaukel. Ich rief nach ihr, aber sie hörte mich nicht. Ich kletterte über den Zaun und ging zu ihr hinüber. "Mrs. Johnson, geht es Ihnen gut?" fragte ich. Sie schaute mich mit Tränen in den Augen an und schüttelte den Kopf. "Nein, mir geht es nicht gut", sagte sie. "Meine Katze ist gestern gestorben." Ich war schockiert. Ich wußte nicht, was ich sagen sollte. Ich stand nur unbeholfen da und wusste nicht, was ich tun sollte. Schließlich legte ich ihr die Hand auf die **Schulter** und sagte: "Es tut mir so leid, Mrs. Johnson. Wenn ich Ihnen irgendwie helfen kann, lassen Sie es mich bitte wissen. "Sie schüttelte den Kopf und sagte: "Nein, es gibt **nichts**, was man tun könnte." Dann stand sie auf und ging in ihr Haus. Ich stand einen Moment lang da und wusste nicht, was ich tun sollte. Dann mähte ich wieder meinen Rasen. Als ich fertig war, musste ich unweigerlich an Frau Johnson und ihre Katze denken.

du moment. La bière a un goût extra bon après tout ce dur travail dans la chaleur. J'étais sur le point de rentrer quand j'ai entendu un bruit à côté.

On aurait dit que quelqu'un pleurait. J'ai arrêté de tondre et j'ai marché jusqu'à la clôture qui séparait nos jardins. J'ai jeté un coup d'œil par-dessus et j'ai vu ma voisine, Mme Johnson, pleurer sur sa balançoire sous le porche. Je l'ai appelée, mais elle ne m'a pas entendue. J'ai escaladé la clôture et j'ai marché jusqu'à elle. "Mme Johnson, vous allez bien ?" J'ai demandé. Elle a levé les yeux vers moi, les larmes aux yeux, et a secoué la tête. "Non, je ne vais pas bien", a-t-elle dit. "Mon chat est mort hier." J'étais choquée. Je n'ai pas su quoi dire. Je suis restée là, maladroitement, sans savoir quoi faire. Finalement, j'ai posé ma main sur son **épaule** et j'ai dit : "Je suis vraiment désolée, Mme Johnson. Si je peux faire quelque chose pour vous aider, faites-le moi savoir". "Elle a secoué la tête et a dit : "Non, il **n'y a rien que** personne ne puisse faire". Puis elle s'est levée et est entrée dans sa maison. Je suis resté là un moment, ne sachant pas quoi faire. Puis je suis retourné tondre ma pelouse. En terminant, je n'ai pu m'empêcher de penser à Mme Johnson et à son chat.

Fragen zum Verständnis

1. Wie spät ist es?

2. Wo mäht die Person?

3. Wie fühlt sich die Person?

4. Warum muss die Person langsam mähen?

5. Was für ein Wetter ist es?

6. Was macht die Person nach dem Mähen?

7. Was hört die Person, bevor sie nach Hause geht?

8. Wer ist bei Mrs. Johnson?

9. Warum weint Mrs. Johnson?

10. Was sagt die Person zu Frau Johnson?

Questions de compréhension

1. Quelle heure est-il ?

2. Où se trouve la personne qui tond ?

3. Comment la personne se sent-elle ?

4. Pourquoi la personne doit-elle tondre lentement ?

5. Quel est le temps qu'il fait ?

6. Que fait la personne après avoir fauché ?

7. Qu'entend la personne avant de rentrer chez elle ?

8. Qui est avec Mme Johnson ?

9. Pourquoi Mme Johnson pleure-t-elle ?

10. Que dit la personne à Mme Johnson ?

Zum Haareschneiden

Ich wollte mir schon seit Wochen die Haare schneiden lassen, aber irgendwie habe ich es immer wieder aufgeschoben. Aber da **Weihnachten** vor der Tür stand, wusste ich, dass ich es nicht länger aufschieben konnte. Ich wollte beim Weihnachtsessen meiner Familie nicht wie ein schmuddeliges Etwas erscheinen. Also machte ich mich am frühen Weihnachtsmorgen auf den Weg zum Friseur. Obwohl es noch früh war, war der Salon schon voll mit anderen Leuten, **die sich** für die Feiertage die Haare machen ließen. Ich nahm meinen Platz in der Schlange ein und wartete, bis ich an der Reihe war. Endlich war ich mit dem Stuhl dran. Die Friseurin, eine freundliche Frau namens Jill, fragte mich, was ich wollte. "Nur einen Trimmschnitt, nichts allzu Drastisches", antwortete ich. Jill machte sich an die Arbeit und schnippelte an meinem Haar herum. Während sie arbeitete, begann ich mich zu entspannen. Es war ein gutes Gefühl, mich endlich um mich selbst zu kümmern. In letzter Zeit war ich so sehr damit beschäftigt gewesen, mich um alle anderen zu kümmern, dass ich meine eigenen Bedürfnisse vernachlässigt hatte. Aber das war **vorbei**. Von nun an wollte ich mir Zeit für mich nehmen.

Se faire couper les cheveux

Cela faisait des semaines que je voulais me faire couper les cheveux, mais j'arrivais toujours à remettre ça à plus tard. Mais à l'approche de **Noël, je** savais que je ne pouvais plus attendre. Je ne voulais pas me présenter au dîner de Noël de ma famille avec une coiffure débraillée. Alors, tôt le matin de Noël, je me suis rendue au salon. Même s'il était tôt, le salon était déjà occupé par d'autres personnes qui **se faisaient** coiffer pour les fêtes. J'ai pris ma place dans la file d'attente et j'ai attendu mon tour. Enfin, c'était mon tour sur la chaise. La styliste, une femme sympathique nommée Jill, m'a demandé ce que je voulais. "Juste une coupe, rien de trop radical", ai-je répondu. Jill s'est mise au travail, coupant mes cheveux. Pendant qu'elle travaillait, j'ai commencé à me détendre. C'était bon de prendre enfin soin de moi. J'avais été tellement occupé ces derniers temps, à courir partout pour m'occuper de tout le monde, que j'avais laissé mes propres besoins de côté. Mais plus **maintenant**. A partir de maintenant, j'allais prendre du temps pour moi.

Lorsque Jill a terminé, je me suis regardée dans le miroir et j'étais ravie de ce que je voyais. Mes cheveux étaient soignés et polis, parfaits pour les fêtes de fin d'année. J'ai **remercié** Jill et j'ai noté **mentalement** de

Als Jill fertig war, schaute ich in den Spiegel und
war mit dem, was ich sah, zufrieden. Mein Haar sah
ordentlich und glänzend aus - perfekt für Festtagsfeiern.
Ich **bedankte mich bei** Jill und nahm **mir vor, öfter
wiederzukommen**. Von nun an werde ich mich in
erster Linie um mich selbst kümmern. Sie machte sich
an die Arbeit und schnippelte an meinem Haar herum.
Ich dachte darüber nach, wie dankbar ich war, dass ich
endlich dazu gekommen war, mir die Haare schneiden
zu lassen. Es war ein gutes Gefühl zu wissen, dass ich
zum **Weihnachtsessen** vorzeigbar aussehen würde.
Ich musste mir keine Sorgen mehr machen, dass meine
Familie mich wegen meines "ungepflegten" Aussehens
hänseln würde. Nach ein paar Minuten war der Friseur
mit dem Schneiden meiner Haare fertig und föhnte sie
kurz. Ich schaute in den Spiegel und war zufrieden
mit dem, was ich sah - ein gepflegtes Aussehen, das
perfekt für das Weihnachtsessen sein würde. Jetzt, da
mein Haarschnitt erledigt war, konnte ich mich darauf
konzentrieren, die Feiertage mit meiner Familie zu
genießen. Und dafür war ich umso dankbarer.

revenir plus souvent. À partir de maintenant, je prendrai soin de moi d'abord et avant tout. Elle s'est mise au travail en coupant mes cheveux. J'ai pensé à combien j'étais reconnaissante d'avoir enfin pris le temps de me faire couper les cheveux. Je me sentais bien de savoir que j'allais être présentable pour le **repas de** Noël. Je n'aurais plus à m'inquiéter des taquineries de ma famille sur mon apparence "débraillée". Après quelques minutes, le coiffeur a fini de me couper les cheveux et m'a fait un rapide brushing. Je me suis regardé dans le miroir et j'étais heureux de ce que je voyais - un look propre qui serait parfait pour le dîner de Noël. Maintenant que ma coupe de cheveux était terminée, je pouvais me concentrer sur les vacances avec ma famille. Et j'en étais encore plus reconnaissante.

Fragen zum Verständnis

1. Was musste der Protagonist vor Weihnachten tun?

2. Wie hat sich die Protagonistin gefühlt, als sie für sich selbst sorgte?

3. Wer hat dem Protagonisten die Haare gestutzt?

4. Warum wollte die Familie der Protagonistin sie hänseln?

5. Wie hat sich die Protagonistin gefühlt, nachdem sie ihren Haarschnitt bekommen hat?

6. Was hat die Protagonistin getan, nachdem sie sich die Haare schneiden ließ?

7. Wie hat die Familie der Protagonistin auf ihren Haarschnitt reagiert?

8. Was hat der Protagonist an Heiligabend gemacht?

9. Was hat die Erfahrung des Protagonisten zu etwas Besonderem gemacht?

10. Was würde passieren, wenn der Protagonist sich nicht die Haare schneiden ließe?

Questions de compréhension

1. Que devait faire le protagoniste avant Noël ?

2. Que pense la protagoniste du fait de prendre soin d'elle ?

3. Qui a taillé les cheveux du protagoniste ?

4. Pourquoi la famille de la protagoniste allait-elle se moquer d'elle ?

5. Qu'a ressenti la protagoniste après s'être fait couper les cheveux ?

6. Qu'a fait la protagoniste après s'être fait couper les cheveux ?

7. Quelle a été la réaction de la famille de la protagoniste à sa coupe de cheveux ?

8. Qu'a fait le protagoniste la veille de Noël ?

9. Qu'est-ce qui a rendu l'expérience du protagoniste plus spéciale ?

10. Que se passerait-il si le protagoniste ne se faisait pas couper les cheveux ?

Der Park

Die Sonne ging gerade unter, und der Park war leer. Ich saß auf der Bank und wartete auf meine **Freundin**. Wir hatten uns vor einer Stunde hier verabredet, aber sie war immer zu spät. Gerade als ich aufgeben und nach Hause gehen wollte, sah ich sie auf mich zulaufen.

"Es tut mir so leid", keuchte sie, als sie die Bank erreichte. "Mein Zug **hatte Verspätung**."

"Ist schon gut", sagte ich **verzeihend**. "Ich bin auch gerade erst gekommen."

Wir setzten uns hin und unterhielten uns eine Weile, wobei wir uns über das Leben des jeweils anderen unterhielten, seit wir uns das letzte Mal gesehen hatten. Die Unterhaltung verlief **mühelos**, und es kam uns vor, als sei seit unserer letzten Begegnung überhaupt keine Zeit vergangen. Als die Sonne unterging, verabschiedeten wir uns und gingen unsere eigenen Wege. Das nächste Mal, als wir uns trafen, war es in einem anderen Park. Wieder war sie spät dran, aber das machte mir nichts aus. Es war schön, jemanden zum Reden zu haben, der mich **verstand**. Wir sprachen über unsere Träume und **Hoffnungen**, über die Dinge, die wir in unserem Leben tun wollten. Sie erzählte mir von ihren Plänen, die Welt zu bereisen, und ich erzählte von meinem Traum, Schriftstellerin zu werden. Als die Sonne an einem anderen Tag unterging,

Le parc

Le soleil se couchait, et le parc était vide. Je me suis assise sur un banc, attendant mon **amie**. Nous avions prévu de nous retrouver ici il y a une heure, mais elle était toujours en retard. Au moment où j'allais abandonner et rentrer chez moi, je l'ai vue courir vers moi. "Je suis vraiment désolée", a-t-elle haleté en atteignant le banc. "Mon train a été **retardé**." "C'est bon", ai-je dit **avec indulgence**. "Je viens juste d'arriver." Nous nous sommes assis et avons bavardé pendant un certain temps, prenant des nouvelles de la vie de chacun depuis notre dernière rencontre. La conversation était fluide **et nous avions** l'impression que le temps n'avait pas passé depuis notre dernière rencontre. Au coucher du soleil, nous nous sommes dit au revoir et avons pris des chemins différents. La fois suivante, c'était dans un autre parc. Encore une fois, elle était en retard, mais ça ne m'a pas dérangé. C'était agréable d'avoir quelqu'un à qui parler et qui me **comprenait**. Nous avons parlé de nos rêves et de nos **aspirations**, des choses que nous voulions faire de nos vies. Elle m'a parlé de son projet de voyager dans le monde entier, et j'ai partagé mon rêve de devenir écrivain. Alors que le soleil se couchait sur un autre jour, nous nous sommes dit au revoir une fois de plus, en promettant de rester en contact cette fois-ci.

verabschiedeten wir uns noch einmal und versprachen uns, diesmal in Kontakt zu bleiben.

Die Jahre vergingen, und unsere **Freundschaft** blieb bestehen, obwohl wir jetzt in verschiedenen Teilen des Landes lebten. Wir hielten den Kontakt durch Briefe und gelegentliche Telefonate aufrecht und teilten uns gegenseitig die Neuigkeiten aus unserem Leben mit. Als sie ankündigte, dass sie heiraten würde, war ich nicht **überrascht** - sie war schon immer der **abenteuerlustige** Typ gewesen. Aber als sie mich fragte, ob ich ihre Trauzeugin bei ihrer Hochzeitsfeier sein würde, die am anderen Ende der Welt stattfand, musste ich sie erst einmal überzeugen! Letztendlich konnte ich jedoch nicht zulassen, dass meine beste Freundin ohne mich an ihrer Seite heiratet, und so **stimmte** ich trotz meiner Befürchtungen (und nach langem Bitten ihrerseits!) zu, das **Abenteuer** meines Lebens mitzumachen.

Endlich war der Tag der **Hochzeit** gekommen. Ich war nervös, aber auch aufgeregt, bei einem so wichtigen Moment im Leben meiner Freundin dabei zu sein. Die Zeremonie war wunderschön, und sie sah glücklich aus, als sie ihr Gelübde ablegte. **Danach** feierten wir mit einer großen Party - es schien, als ob jeder, den sie kannte, gekommen war, um mit ihr zu feiern!

Les années ont passé, et notre **amitié** est restée forte, même si nous vivions désormais dans des régions différentes du pays. Nous sommes restés en contact par des lettres et des appels téléphoniques occasionnels, partageant les nouvelles de nos vies respectives. Lorsqu'elle a annoncé qu'elle allait se marier, je n'ai pas été **surpris** - elle avait toujours été du genre **aventureux**. Mais lorsqu'elle m'a demandé si j'accepterais d'être sa demoiselle d'honneur à la cérémonie de son mariage qui se déroulait à l'autre bout du monde, loin de chez moi... il a fallu la convaincre ! En fin de compte, je ne pouvais pas laisser ma meilleure amie se marier sans moi à ses côtés, alors malgré mes craintes (et après qu'elle m'ait beaucoup suppliée !), j'ai **accepté de participer à** ce qui s'est avéré être l'**aventure** de ma vie.

Le jour du **mariage** est enfin arrivé. J'étais nerveux, mais excité de faire partie d'un moment si important dans la vie de mon amie. La cérémonie était magnifique, et elle avait l'air heureuse en prononçant ses vœux. **Ensuite,** nous avons fait une grande fête - on aurait dit que tous ses proches étaient venus célébrer avec elle !

Fragen zum Verständnis

1. Wo haben sich die Autorin und ihr Freund zum ersten Mal getroffen?

2. Warum kam der Freund des Autors zu spät zu ihrem Treffen?

3. Worüber sprachen die Freunde, als sie sich Jahre später wieder trafen?

4. Wie hat sich die Autorin gefühlt, als sie an der Hochzeit ihrer Freundin teilnahm?

5. Beschreiben Sie den Rahmen der Hochzeitszeremonie.

6. Wie hat sich die Freundschaft zwischen den beiden Frauen im Laufe der Zeit verändert?

7. Was ist der Traum des Autors?

8. Wohin plant der Freund des Autors zu reisen?

9. Warum hat die Autorin gezögert, an der Hochzeit ihrer Freundin teilzunehmen?

Questions de compréhension

1. Où l'auteur et son ami se sont-ils rencontrés pour la première fois ?

2. Pourquoi l'ami de l'auteur était-il en retard à leur réunion ?

3. De quoi les amis ont-ils parlé lorsqu'ils se sont retrouvés des années plus tard ?

4. Qu'a ressenti l'auteur en assistant à la cérémonie de mariage de son amie ?

5. Décrivez le cadre de la cérémonie de mariage.

6. Comment l'amitié entre les deux femmes a-t-elle évolué au fil du temps ?

7. Quel est le rêve de l'auteur ?

8. Où l'ami de l'auteur prévoit-il de voyager ?

9. Pourquoi l'auteur a-t-elle hésité à assister à la cérémonie de mariage de son amie ?